# Unidos pela ETERNIDADE

Letra Espírita

**RITA RAMOS CORDEIRO**
*Pelo Espírito Juvenal*

# Unidos pela ETERNIDADE

Campos dos Goytacazes-RJ | 2023

1ª edição – Abril/2023



**CAPA:** Gabriela Dias

**IMAGENS DA CAPA:** Daniel Adesina | Tim Rebkavets [Unsplash.com] | Rawpixel.com

**DIAGRAMAÇÃO:** Victor Benatti

**REVISÃO:** Miriam Dias e Priscila Gonçalves

**COORDENAÇÃO EDITORIAL:** Murilo Viana

**TÍTULOS:** Hadijah Free Trial [Ridtype] e Aphrodite Font [Sabrina Lopez and Maximiliano Sproviero]

**TEXTO:** Book Antiqua [Monotype Corporation]

**Contato e pedidos:**

vendas@letraespirita.com.br

(22) 2738-0184 | (22) 99820-3332

**Dados Internacionais de Catalogação na Publicação (CIP)**
**(Câmara Brasileira do Livro, SP, Brasil)**

Juvenal (Espírito)
Unidos pela eternidade / ditado pelo espírito Juvenal ; [psicografado por] Rita Ramos Cordeiro. -- 1. ed. -- Campos dos Goytacazes, RJ : Letra Espírita, 2023.

ISBN 978-65-88535-47-9

1. Espiritismo 2. Reencarnação 3. Romance espírita I. Cordeiro, Rita Ramos. II. Título.

23-141979 CDD-133.93

**Índices para catálogo sistemático:**

1. Romance espírita psicografado 133.93

Aline Graziele Benitez - Bibliotecária - CRB-1/3129

*A Vania Mugnato de Vasconcelos,*
*querida amiga, pelo apoio e colaboração na*
*divulgação do livro Espírita. Gratidão*

# Sumário

# PRIMEIRA PARTE

CAPÍTULO 1

# Início da nova jornada

A madrugada estava fria e escura, mas não assustava a jovem que aguardava o irmão terminar de arrumar sua trouxa para a viagem.

- Vamos, Henrique, não podemos perder mais tempo. Cada segundo perdido aqui é um risco para nós - dizia a jovem, apressada.

Com apenas treze anos, Henrique era maduro para sua idade. Seu pai havia abandonado a família antes de seu nascimento e sua mãe morreu no parto. Foi Isabel quem o criou desde então e ele respeitava muito a irmã por ser tão dedicada. Por isso, quando ela disse que iriam partir, não questionou a razão. Sabia que era responsável e que se ela estava com pressa de ir embora, devia ter um bom motivo. Perguntaria, em outro momento, o que estava acontecendo.

- Isabel, não me apresse - falou o menino, começando a se irritar ao ver a irmã caminhando de um lado para o outro.

- Henrique, você não está entendendo a gravidade da situação. Se não sairmos daqui neste momento, não sairemos mais - alertou Isabel.

- Por quê? O mundo vai acabar? - Perguntou o menino, já com a trouxa devidamente amarrada nas costas.

- Vamos sair pelos fundos, sem chamar a atenção, e seguir até o rio - avisou Isabel, ignorando as últimas palavras do irmão.

Os dois saíram rapidamente da pequena casa, dando a volta pelos fundos, e se embrenharam no meio do mato, que ficava bem próximo das habitações.

Isabel preparou para a viagem apenas o estritamente necessário para ganhar tempo. A jovem acendeu a tocha, quando já estavam distantes de casa, e seguiram em frente.

Durante algumas horas, andaram atentos pelo matagal, procurando evitar os animais peçonhentos que, durante a noite, saíam em busca de alimento.

Acostumados àquele tipo de vida, não se assustaram quando um barulho lhes chamou a atenção.

- É uma cobra - cochichou Isabel. - Não se mexa, Henrique, ela não vai se aproximar de nós, se não se sentir ameaçada.

Os jovens ficaram em silêncio por alguns instantes, até a cobra seguir seu caminho sem notá-los. Alguns quilômetros mais à frente chegaram ao rio.

- E agora, para onde vamos? - Questionou o menino.

Isabel caminhou até a beira do rio, procurando por algo, e deu um gritinho, ao encontrar o que procurava.

- Henrique, me ajude aqui. Vamos descer o rio com este barco - explicou Isabel, sorrindo.

- Você sabia que esse barco estaria aqui? - Quis saber Henrique.

- Sim, eu sabia, mas, se chegássemos na hora certa - respondeu a jovem, empurrando o barco para o rio.

Henrique ajudou a irmã a pôr o barco no rio e a colocar para dentro dele toda a bagagem que carregavam. Então iniciaram a viagem rio abaixo. Enquanto o barco flutuava, Isabel olhava pela última vez para o lugar que um dia tinha sido seu lar, e para onde ela talvez nunca mais voltasse. Enquanto a irmã remava, Henrique se deitou e acabou adormecendo. A jovem olhou para o irmão e uma lágrima caiu de seu rosto, ao pensar em tudo o que estava por vir.

Naquele momento, a jovem sentiu um doce perfume de jasmim bem próximo ao seu rosto e deu um lindo sorriso.

- Obrigada, mamãe, por estar sempre do nosso lado e me manter forte para enfrentar todos os momentos que virão. Prometo cuidar de Henrique com muita dedicação.

O sol começava a surgir no horizonte, quando Henrique acordou.

- Com quem você estava falando, Isabel? - Indagou o menino.

- Com ninguém, querido, eu estava pensando em voz alta - ela respondeu sorrindo.

- Isabel, agora podemos conversar? - Inquiriu o menino, sério. - Por que estamos indo embora de casa?

Isabel fitou os olhos do irmão profundamente e disse:

- Henrique, tenho tido visões com nossa mãe, e ela tem me orientado a escolher outro lugar para morarmos antes que a peste chegue -disse ao garoto.

- Mas que peste é essa? - Perguntou o menino, curioso.

- É algo muito triste que vai acontecer. Em minhas visões, tenho visto muita gente morrendo. Talvez seja uma doença ou uma peste - explicou ao irmão.

Compreendendo que Isabel falava sério, Henrique aproveitou para questionar mais.

- E por que somente nós estamos partindo?

—Porque as outras pessoas não acreditariam em mim. Iriam me chamar de louca e não demoraria muito para dizerem que sou uma bruxa. Estamos partindo para buscar um lugar seguro para morar.

- Mas você sabia que iria encontrar o barco na margem do rio... - disse Henrique, com estranheza. - Alguém está nos ajudando?

Isabel olhou para o irmão, lembrando como tudo começou, e passou a lhe contar.

CAPÍTULO 2

# Disfarce para sobreviver

Isabel enrolou a faixa em volta do peito, vestindo rapidamente as roupas masculinas, e, deixando Henrique com a vizinha, foi até a venda comprar os mantimentos que faltavam para a alimentação do dia.

Com apenas onze anos, Isabel aprendeu a ser pai e mãe de Henrique, e, graças à ajuda da vizinha já idosa, estava se dando bem na tarefa. Trabalhava na colheita do trigo e aquela tarefa bruta e exaustiva ajudava-a a manter seu disfarce masculino com maior facilidade.

A vida lhe ensinou desde cedo a se proteger dos homens, que, até agora, haviam lhe mostrado não ser confiáveis. Seu pai foi um homem em quem não pôde confiar.

Enquanto sua mãe estava grávida de Henrique, Isabel foi molestada por ele. Quando a mãe descobriu, o ódio tomou conta dela, que, sem refletir, quase matou o marido, fazendo com que ele abandonasse a família.

Em choque, Conceição teve o bebê prematuramente e não resistiu ao parto, deixando sua única filha para criar o recém-nascido. Se não fosse a ajuda de tão caridosa anciã, vizinha delas, Isabel não saberia como enfrentar o destino que os aguardava.

A proteção que a idosa oferecia aos irmãos não permitia a proximidade das pessoas, pois, além de ela cuidar dos doentes da aldeia, todos a viam com certo temor e respeito, o que proporcionou a Isabel a tranquilidade necessária para cuidar de Henrique.

Inconformada, a jovem estacou na esquina, olhando toda aquela sujeira espalhada no meio da rua, e o fedor que invadia o ar causou-lhe náuseas. Não compreendia como os moradores da aldeia conseguiam viver com tanto lixo espalhado. A falta de higiene era enorme, e Isabel, mesmo tendo nascido ali, não se acostumava com a cultura local. Tentava, à sua maneira, em sua própria casa, manter a higiene de modo diferente dos demais colonos.

Suspirou resignada, e uma vertigem fez com que se desequilibrasse com a visão que teve. Fechou os olhos, tentando apagar aquela imagem terrível e, quando os abriu novamente, tudo se fora. Assustada, respirou fundo e apressou o passo até a venda para comprar os mantimentos.

Na volta, deixou os alimentos rapidamente no casebre e foi para a casa da anciã. Bateu na porta e abriu sem ser convidada. A senhora estava ajoelhada no chão em frente a um altar, que ela tinha construído para suas orações.

– Estava lhe esperando, menina – disse a idosa, sem olhar para Isabel.

A garota se ajoelhou ao lado dela, beijando-lhe a

mão, e a olhou assustada.

- Vó... - começou a menina, atemorizada.

- Sim, o que você viu pode realmente acontecer! - Afirmou a senhora.

- Mas como Deus pode permitir tanta dor e tanto sofrimento? - Questionou Isabel.

- Nem tudo é responsabilidade de Deus, mas tudo é aprendizado para a evolução e o progresso de todos. O que mais lhe causou sofrimento no que você viu, minha filha? - Perguntou com delicadeza.

- Pessoas mortas jogadas sobre excrementos, sem o mínimo de respeito, restos de comida podres, porcos e ratos... - Isabel não conseguia parar de chorar.

- E onde foi que você teve essa visão?

Isabel parou de chorar, ficou pensativa e, olhando séria para a anciã, disse:

- Não sei. Um pouco antes de eu ter a visão, senti náuseas, por ver tanta sujeira espalhada pelas ruas, e pensei que não sabia como as pessoas aguentavam viver em meio a tanta imundície.

- Filha, você é uma menina sensível, que tem o dom de ver o oculto e captar coisas do Além. Já lhe expliquei que não somos os únicos habitantes neste universo e que, depois que morremos, nosso Espírito vai para o Plano Espiritual. Aqui, estamos somente de passagem. Muita coisa ainda passaremos no futuro, e você tem uma missão a realizar ao lado de seu irmão. Precisa prepará-lo para um trabalho muito importante. Sua tarefa ao lado dele está apenas começando. Se você souber entender essa tarefa como um aprendizado, conseguirá cumprir a missão que veio realizar.

– Mas não entendo... – Isabel estava confusa.

– Você vai entender! – Sorriu a anciã. – No momento certo!

CAPÍTULO 3

# Amor incondicional

Isabel acordou sobressaltada com o sonho que teve, e, confusa, num primeiro momento, não sabia onde se encontrava. Sentou-se assustada e olhou em volta. A fogueira que ela tinha acendido durante a noite havia se apagado, mas Henrique dormia tranquilo. O sol já começava a surgir e não demoraria muito para clarear de vez.

Seu estômago doeu de fome, fazendo-a lembrar que a ração de comida que tinha levado para a viagem já estava acabando e que, em dois dias, não teriam mais o que comer. Já fazia uma semana que percorriam o leito do rio e o fluxo da água facilitava a jornada, não cansando tanto os irmãos. Pelo volume de água que aumentava, não demoraria muito para desaguarem no oceano. Isabel tinha de ficar atenta para não permitir que o barco chegasse ao mar. Precisava encontrar uma ramificação que os tirasse da direção do mar.

Viajavam havia uma semana e, a cada entardecer, os irmãos interrompiam o percurso para descansar e escolhiam, na margem do rio, um local para dormir longe dos predadores.

Isabel tirou um pedaço de pano do bolso da calça para analisar mais uma vez. Fazia dois anos que estudava aquele mapa, desde a primeira vez em que tivera a premonição do futuro e a visão da mãe. De lá para cá, procurava sempre conversar com os mercadores que iam de passagem até a aldeia. Arrumou melhor a roupa masculina e o chapéu, e levantou-se para chamar Henrique.

Depois da morte da mãe, foi Isabel quem cuidou de Henrique. O tempo e a dor lhe ensinaram que, se quisesse sobreviver naquele mundo de homens, não poderia ser jovem, bonita nem sozinha. Por isso, decidiu adotar um disfarce masculino para se proteger.

Em meados de 1344, com o reino local em ascensão, os mercadores vinham de navio tentar vender seus produtos nas aldeias, e aquela onde moravam não era muito distante do oceano, fazendo parte da rota de comerciantes.

Isabel, com seu traquejo masculino, nunca foi descoberta, e aproveitou cada oportunidade para aprender com os mercadores, o que muito a ajudou a empreender a tão esperada viagem.

– Henrique, acorde! – A moça chacoalhou o irmão. – Precisamos partir.

O jovem, ainda sonolento, abriu os olhos, espreguiçou-se e sentou para comer o pedaço de pão que Isabel lhe oferecia. Sabia que, mais uma vez, a irmã deixava de comer para que ele se alimentasse e não gostou disso.

– Isabel, não está certo – discordou, partindo o pão ao meio e estendendo a outra metade para a irmã. – Coma! Se você estiver fraca, nós não vamos para lugar nenhum.

A moça, conhecendo a teimosia do irmão, acabou comendo sua parte do pão.

– Para onde estamos indo? – Indagou Henrique. – Já faz uma semana que estamos viajando, e você está pensativa. Tem algo mais para me contar?

– Vamos partir, conversaremos durante a viagem – suspirou Isabel.

Embarcaram, e, ajeitando-se da melhor forma possível, seguiram em frente. O sol chegava imponente e, alegre, Isabel olhou com todo amor para o irmão e lembrou-se dos últimos anos.

CAPÍTULO 4

# Escolhas para ajudar o próximo

Depois de algum tempo viajando, Isabel disse:

– Eu comecei a ter visões com a mamãe depois do que lhe contei antes. Ela me ajudava a cuidar de você e a entender o que eu via sem me assustar. Numa das ocasiões em que fui até a venda comprar mantimentos, conheci um velho mercador que morava nas montanhas. Ele ficou por alguns dias na aldeia, fiz amizade com ele e o levei para conhecer a anciã. Então fiquei sabendo que a filha mais velha dele tinha os mesmos dons que ela. Esse mercador foi o único homem que soube que sou uma mulher e também a quem contei sobre minhas visões. Ele nos convidou para morar com eles e me ensinou o caminho de sua fazenda. Disse que, lá nas montanhas onde moram, as pessoas não se aproximam, porque o local é afastado.

Isabel tirou do bolso um pedaço de pano amassado e mostrou ao irmão.

– Fiz um mapa para chegarmos onde ele mora e planejamos minuciosamente esta viagem – explicou.

– Impressionante! – Henrique olhava para a irmã boquiaberto.

– Pode parecer estranho, mas é isso mesmo Henrique. – Isabel olhava séria para o irmão. – Não tive apenas uma visão, mas várias, e mamãe também me orientou em diversas coisas, e a principal delas era cuidar de nossa higiene e de nossa saúde com toda atenção. Tem mais uma coisa que preciso te contar, meu irmão.

– E isso tem a ver comigo? – Perguntou Henrique.

– Digamos que sim. Esta viagem vai lhe proporcionar a oportunidade de fazer escolhas no futuro, ajudar a coletividade e fazer o bem ao próximo. Você tem bom coração, e, se os bons Espíritos se preocuparam em criar toda esta situação para que você saísse da aldeia e fosse enviado para outro lugar em segurança, foi por um bom motivo.

– Você mencionou uma peste. Que peste é essa? – Indagou o jovem.

– Não sei exatamente. As pessoas da minha visão não foram mortas numa guerra ou assassinadas. Elas pereceram por uma doença terrível. – A vista de Isabel escureceu ao se lembrar do que viu.

– Para mim ainda é difícil entender tudo isso, mas, se você acha que precisamos seguir em frente, vamos! Mas lhe peço para compartilhar comigo sempre que tiver visões.

Isabel sorriu para o irmão, demonstrando amá-lo como nunca, e, pegando no remo, seguiram com a viagem, que agora estava cada dia mais próxima do fim.

Algumas horas mais adiante, bem no meio da tarde, Isabel disse ao irmão.

- Vamos parar ali, Henrique - apontou a jovem. - E, daqui por diante, iremos por terra.

Atracaram o barco na beira do rio, olhando em volta. O local era plano e parecia seguro para passarem a noite.

- Vamos nos distanciar um pouco da margem para descansar. Amanhã seguiremos com a viagem - comentou Isabel.

- Seguiremos a pé? - Quis saber Henrique.

Isabel tirou o mapa do bolso e, olhando para a frente, disse:

- Faltam ainda algumas horas para escurecer. Vamos para aquele lado. - Apontou a moça. - O mercador disse que deixaria uma carroça escondida em algum lugar daquela direção. Se a carroça estiver lá, teremos um lugar seguro para passar a noite e saberemos o que fazer.

- Mas ele sabia quando chegaríamos? - Inquiriu Henrique, abismado.

- Sim - sorriu a irmã. - Sabia que partiríamos quando você fizesse aniversário.

CAPÍTULO 5

# Auxílio bendito

Depois de andarem por cerca de meia hora sob o sol escaldante, os irmãos encontraram não apenas a carroça, como também mantimentos frescos e cavalos presos num cercado que parecia ter sido montado poucos dias antes da chegada deles. Os animais ainda tinham água e ração. Naquela noite, dormiram bem alimentados e descansaram como há tempos não acontecia. Nas primeiras horas da manhã, prepararam-se para seguir em frente e partiram.

Isabel estava um pouco apreensiva com o percurso, pois, no ponto do rio onde eles desceram, já estavam próximos do oceano. Ali era a rota que os mercadores faziam para chegar até a França, e eles tinham de ser rápidos para não cruzar com ninguém.

Viajaram em torno de três horas até saírem da rota principal. Estavam agora seguindo para as montanhas, rumo ao seu destino. Quando se sentiram seguros, procuraram um local sob as sombras das árvores para almoçar e os cavalos descansarem. Depois de se alimentarem, Isabel abriu o mapa para tentar se situar e saber sua localização. Viu que estavam na fronteira da França e que o mapa indicava mais um dia de viagem até a parte baixa das montanhas.

A jovem se levantou e tirou Henrique de seu cochilo para seguirem viagem. Estavam se preparando para partir, quando ouviram o barulho de um sininho, que ficava cada vez mais alto e insistente. Ela sabia o que significava aquele barulho e tentava desmontar acampamento o mais rápido possível. Henrique, distraído, colocava as coisas na carroça sem perceber nada.

– Suba na carroça, Henrique. Rápido! – Orientou Isabel, apressada.

O rapaz, surpreso, fez o que a irmã mandou e aguardou que ela fizesse o mesmo. Isabel já preparava os cavalos para partir, quando duas pessoas, cobertas até a cabeça, se aproximaram e pararam na frente dos cavalos a uma distância razoável.

– Por favor, não se aproximem – disse Isabel, enérgica.

Apesar dos trajes, era possível perceber que eram um homem e um jovem. Eles não saíram da frente dos cavalos, e o menor continuava tocando o sininho.

– Só queremos um pouco de comida, moço – disse o homem de cabeça coberta.

Henrique olhava para Isabel estranhando o comportamento dela. Nunca tinha visto a irmã tratar ninguém daquela maneira agressiva.

– Isabel, o que está acontecendo? – Questionou, abalado. – Temos comida de sobra! Eles só querem matar a fome.

Henrique se preparava para descer, quando a moça segurou seu braço com força.

- Fique onde está, Henrique! - Disse com firmeza. - Não podemos descer. Estas pessoas estão doentes e podem nos infectar.

O jovem com o sininho ouviu o que a jovem disse e abaixou a cabeça com tristeza. Sussurrou algo para o homem ao seu lado, e ele acenou com a cabeça, saindo da frente da carroça.

Isabel, no mesmo instante, saiu em disparada com os cavalos. Henrique, muito chocado com a atitude da irmã, ficou sem palavras e, após alguns minutos de viagem, pediu para que ela parasse para conversarem.

- O que foi aquilo, Isabel? - Indagou.

- Henrique - suspirou Isabel -, aquelas pessoas têm uma grave doença chamada lepra. Seus corpos são tomados por feridas que não cicatrizam e podem acabar perdendo alguns membros e até morrer, por causa desses ferimentos. É uma doença contagiosa que não tem cura, e ninguém pode se aproximar delas. Quando a lepra é descoberta, as pessoas são afastadas do convívio familiar. Algumas vão para um leprosário, onde são cuidadas por pessoas com preparo para ajudá-las a minimizar suas dores e seus sofrimentos. Outras são largadas à própria sorte. São obrigadas a andar com sininhos para ser identificadas por sua doença e ninguém se aproximar delas. É muito provável que aqueles dois são andantes e não têm onde morar.

– Eles estavam com fome, Isabel – disse o rapaz, quase chorando. – Não podemos simplesmente virar as costas e ir embora.

– Se nós os ajudarmos, correremos o risco de contrair a doença. De que adiantará todo o nosso esforço em sair de casa, se fizermos isso? – Questionou Isabel.

Henrique ficou alguns segundos em silêncio, com lágrimas nos olhos.

– Minha irmã, abandonamos nossa casa para você me dar a oportunidade de fazer escolhas. E se essas escolhas que eu tenho de fazer já tiverem começado? – Ele enxugou as lágrimas, e olhou decidido para a irmã. – Se eu tenho algo importante a realizar no futuro, preciso começar agora, no presente. Não posso desprezar nem virar as costas para essas pessoas. Jamais me perdoarei, se não as ajudar.

Isabel respirou fundo e sorriu. Ficou emocionada com as palavras do irmão e, pela primeira vez, entendia a tarefa que ele tinha pela frente.

– Muito bem, Henrique, vamos voltar! Mas tomaremos alguns cuidados! – Alertou. – Parece que nossos anfitriões nos presentearam com comida de sobra. Vamos separar alguns mantimentos e água também! Não podemos tocar neles nem nos aproximar. Está entendendo?

Feliz, Henrique acenou com a cabeça, mostrando que havia compreendido, e seguiu as instruções da irmã. Voltaram pelo mesmo trajeto e encontraram os dois doentes caminhando devagar. Ultrapassaram os andantes e pararam a poucos metros de distância.

Rapidamente, com a ajuda do irmão, Isabel colocou alguns mantimentos no chão a certa distância deles. Acenou para Henrique subir de novo na carroça.

- Aí nessa trouxa tem alimento e água para vocês se alimentarem - informou a moça.

O jovem correu feliz e se agachou para abrir a trouxa.

- Obrigado, moço! Deus lhe pague!

- Vocês são andarilhos? - Isabel quis saber, curiosa.

O homem, um pouco distante, olhava o jovem pegar um pedaço de pão para comer.

- Moramos com algumas famílias num acampamento próximo às montanhas dos Pirineus - disse ele. - Nossos mantimentos estão terminando. Com a chegada do inverno e a saúde debilitada, não temos como caçar, então, nos revezamos para procurar alimentos.

- Todos do acampamento estão doentes? - Indagou Henrique.

- Sim, filho! Estávamos em um leprosário mais ao leste, mas os moradores colocaram fogo na construção, nos obrigando a sair de lá. Acabamos vindo para as montanhas, já que era o único lugar onde poderíamos viver em paz.

- Não existem vilarejos nas montanhas? - Questionou Isabel, com interesse.

- Apenas em alguns lugares. Nosso acampamento é distante deles. Dizem que existem bruxas por aqui, mas nós nunca vimos nenhuma. Vivemos em paz, cuidando uns dos outros.

– Tem crianças doentes lá? – Inquiriu Isabel.

– Sim – disse o homem. – Obrigado pela ajuda. Desculpem, se assustamos vocês, não era nossa intenção. Agora vamos voltar para o acampamento e dividir os alimentos.

Os irmãos se despediram deles e seguiram viagem. Sentada ao lado de Henrique, Conceição sorria emocionada pela atenção que os filhos deram aos doentes. Estava iniciando ali a jornada que os dois arduamente precisavam cumprir.

## CAPÍTULO 6
# Chegada ao destino

Conforme seguiam com a jornada, a paisagem se tornava cada vez mais deslumbrante, com mais e mais montanhas à vista. À medida que subiam, o ar se tornava mais rarefeito e a temperatura mais fria e úmida. De onde eles estavam, dava para observar os picos mais altos de algumas montanhas encobertas por nuvens, nas quais, segundo o mercador informou para Isabel, nevava constantemente. Mas, apesar da visão que já tinham do local, não era para lá que iriam. Por outro lado, já estavam bem próximos de seu destino.

– Já estamos chegando, Henrique, mas precisamos parar para os cavalos descansarem, senão eles não vão aguentar ir até o final – avisou Isabel, apeando do cavalo.

Algum tempo depois, enquanto descansavam, ouviram o trotar de um cavalo se aproximando. Foi com surpresa que viram, sobre um alazão, uma bela jovem. Sua pele morena combinava com seus negros cabelos longos.

Isabel nunca tinha visto uma jovem tão bela. Sua espontaneidade e seu traquejo sobre o cavalo, mesmo com a longa saia rodada, mostravam que ela tinha domínio da montaria e se sentia segura.

– Vocês devem ser Isabel e Henrique. Certo? – Indagou a jovem, sorrindo. – Meu nome é Inês e estava ansiosa por sua chegada. Venho todos os dias para esses lados à espera de vocês.

Henrique estava encantado pela beleza da jovem, que lhe parecia mais uma cigana.

– Você é a uma das filhas do sr. Garcia? – Perguntou Isabel, com um sorriso. – Seu pai foi muito gentil em permitir nossa presença aqui.

Uma sombra encobriu os belos olhos da jovem e ela respondeu:

– Sou, sim! Meu pai falou muito bem de você e teve o maior prazer em planejar toda a sua viagem, mas conversaremos melhor em casa. Agora precisamos ir embora, antes que o sol se ponha e a temperatura caia um pouco.

Inês olhou sobre os ombros de Henrique e viu uma mulher sorrindo para ela. Pensou em perguntar quem era, mas, como Isabel não a apresentou, ficou em dúvida se era alguém deste ou do Outro Mundo.

A viagem não durou mais do que meia hora, já que Inês conhecia bem as trilhas para encurtar o caminho. Chegaram ao que parecia um sítio, e a bela jovem abriu um portão velho de madeira, que levava para um caminho repleto de árvores, onde havia um casebre ao fundo.

Ao redor da casa estava tudo bem cuidado, com flores e gramas aparadas, mas, adiante, o mato crescia alto, e o local aparentava um pouco de abandono. No fundo da casa, tinha um galinheiro e um curral, que pareciam a única fonte de renda da família.

- Antes de entrarmos em casa, gostaria de conversar com vocês - comentou Inês.

Os irmãos pararam para escutar o que ela tinha a lhes dizer.

- Não sei o que meu pai contou sobre nossa família, Isabel, mas vivemos apenas nós três aqui. Tudo se encaminhava bem, enquanto meu pai tinha saúde, mas, de um ano para cá, ele foi enfraquecendo a ponto de não andar mais. Sua saúde está abalada e ele não tem muito tempo de vida. Nenhum tratamento médico ou mesmo espiritual, que minha irmã faça, o ajuda. Agora nós estamos cuidando dele e da propriedade, mas não conseguimos dar conta de tudo, por isso, o sítio parece um pouco abandonado. A chegada de vocês neste momento é muito importante. Temos imenso prazer em recebê-los, meu pai ficará muito feliz.

Isabel, emocionada com as palavras da jovem, só conseguiu abraçá-la com carinho, agradecendo a hospitalidade. Prometeu que fariam o melhor que pudessem para ajudá-los no que fosse preciso, inclusive, tornando a vida do sr. Garcia mais leve.

# CAPÍTULO 7
# Unidos na caridade

Algumas semanas após a chegada dos irmãos, o sr. Garcia foi perdendo as forças, mais e mais a cada dia, e não demorou muito para partir. Era como se estivesse apenas esperando por eles.

Após a morte do pai, a surpresa das filhas foi enorme ao descobrirem que ele as deixara bem financeiramente. As longas viagens pela Europa como mercador permitiram que ele voltasse para casa com o suficiente para trazer tranquilidade à família.

A convivência entre todos era serena e natural. Isabel pôde, enfim, vestir-se como uma mulher, e a paz reinou para todos, apesar da tristeza pela perda.

Angelita, a filha mais velha de sr. Garcia, era da mesma idade de Isabel e tinha o dom da cura. E, apesar de não ter conseguido restabelecer a saúde do próprio pai, utilizava seu dom para cuidar dos necessitados.

Próximo à propriedade havia um acampamento de leprosos. Eram famílias desprezadas pela comunidade, que não os queria por perto. O pai da moça os acolheu, oferecendo-lhes alimentos e roupas, e Angelita procurou auxiliá-los com tratamentos de infusão e cura. Todos conviviam de maneira harmoniosa, e, com a chegada de Isabel e Henrique, a ajuda aos moradores do acampamento se tornou mais efetiva.

Enquanto conversavam, Angelita e Isabel preparavam uma infusão para levar no acampamento.

- Angelita, você tem dons maravilhosos, mas não conseguiu salvar seu próprio pai... - começou Isabel, mas não terminou a frase.

- É verdade... - concordou a moça com tristeza. - Não está ao nosso alcance curar a todos. Se este era o momento de meu pai partir, nem eu poderia ajudá-lo.

- Você acredita que era nosso destino estar aqui com vocês? - Questionou Isabel.

- Penso que sim! Nada é por acaso. Se Deus nos uniu, foi por um motivo que ainda não conseguimos compreender - respondeu Angelita, pensativa. - Veja o trabalho que estamos realizando junto aos doentes do acampamento. Antes de vocês virem para cá, eu não conseguia atender a todos. Percebo também o enorme amor e prazer que Henrique tem em ajudar essas pessoas.

- Depois que cheguei aqui, minha mãe não apareceu mais para mim e não tive mais visões - suspirou Isabel.

- Vamos deixar que as coisas se encaminhem naturalmente. Sua tarefa de vir para cá foi cumprida e não foi pouco o que você fez. No momento certo, os bons Espíritos novamente lhe indicarão o que fazer. Enquanto isso vamos nos preparando para o trabalho, sobretudo, Henrique, pois é nítida a energia que o rodeia. Você percebeu? - Alertou Angelina, sorrindo.

Isabel ficou pensativa e concordou com a amiga. Havia uma aura diferente em volta do irmão, e, conforme o tempo passava, a energia em torno dele aumentava. Chegaria um momento em que aquele acampamento seria pouco para Henrique trabalhar.

CAPÍTULO 8

# Alicerce para o trabalho

- Henrique, por que tenho de colocar toda esta roupa para cuidar dos doentes? - Reclamava Inês, coberta até a cabeça, sentindo-se incomodada.

Os jovens estavam se arrumando, em uma das acomodações do acampamento, que foi preparado especialmente para este fim.

- Inês, se quisermos ajudar, precisamos nos manter saudáveis. A lepra é uma doença contagiosa, que não nos permite aproximação, mas estes irmãos queridos necessitam de nosso auxílio. Seríamos levianos e irresponsáveis, se não cuidássemos de nossa saúde, já que, doentes, não seríamos úteis a eles.

- Você tem razão. Esta é a primeira vez que venho ao acampamento. É Angelita quem trata dos doentes, por isso eu não sabia de todo esse cuidado.

- Sua irmã deve estar muito feliz por você ter vindo ajudá-la - comentou Henrique, com um sorriso.

- Angelita sempre quis que eu viesse junto com ela, mas eu nunca me interessei - justificou Inês.

- E tem algum motivo especial para seu súbito interesse? - Indagou Henrique, curioso.

Inês sorriu um pouco constrangida.

– Nenhum – disse a moça, sem jeito. – Reparei que não conversamos muito, e pouco sei sobre vocês, a não ser em relação ao convite que meu pai fez à sua irmã.

– Isabel me criou depois da morte de minha mãe e decidiu aceitar o convite de seu pai. – Henrique deu de ombros.

Enquanto o rapaz falava, Inês olhava por sobre o ombro dele. E ele, percebendo, voltou-se na mesma direção.

– Está tudo bem? – Interrogou, curioso.

– Está sim – disse a moça, sorrindo. – Você nunca me contou sobre sua mãe.

– Minha mãe morreu no parto. Minha irmã tem visões com ela e diz que nos orientou a sair de casa. Isabel conheceu seu pai e estamos aqui – explicou. – Pronto, agora você vai se afastar de mim!

A jovem demonstrou surpresa e silenciou por instantes antes de continuar.

– Henrique, não tem motivo para eu me afastar de você, pois eu também tenho visões, como a sua irmã – a jovem sorriu, mas em seguida ficou séria. – Parece que toda a minha família é assim. Isso é muito perigoso, e não podemos contar para ninguém, pois podem nos denunciar como bruxas.

Henrique olhava atordoado para Inês, sem saber o que dizer.

– Minha irmã ajuda os doentes do acampamento com seus chás e unguentos, e eles, agradecidos por ter suas dores amenizadas, guardam segredo.

- Eu tenho aprendido muito com sua irmã, que me ensinou a fazer seus chás e a cuidar dos doentes. Gosto muito de vir com ela para o acampamento. Não posso imaginar como o ser humano pode virar as costas para essas pessoas. É muita desumanidade! - Lamentou o rapaz, com tristeza. - Vir para cá foi a melhor coisa que poderíamos ter feito. Sinto um bem enorme em saber que eles não estão desamparados à própria sorte e que nós podemos cuidar deles.

- Sua mãe está muito orgulhosa de você - afirmou Inês, com alegria.

Um calor gostoso tomou conta do corpo de Henrique, e forte emoção invadiu sua alma, ao sentir a presença da mãezinha que, amorosamente, o abraçou.

- Meu amado filho, como estou feliz por você ter deixado emergir todo este amor que tem em seu coração! Agora falta pouco para você iniciar sua tarefa! Estarei a seu lado em todos os momentos de sua jornada! Seu trabalho neste momento será o alicerce e a sua fortaleza para a obra que você tem a realizar.

Sentindo-se fortalecido, Henrique seguiu com Inês para a tarefa que aprendeu a amar. Aproximou-se de Angelita, que já começava a atender algumas pessoas, e ficou a seu lado auxiliando.

Ao longe, Diego, um homem, que morava no acampamento, os observava, enquanto tratavam aquelas famílias sofridas e abandonadas pela sociedade, por causa de uma doença sem cura. E ele pensava: "Não era fácil ver aquilo. Tinham sorte de ter encontrado um acampamento para formar uma comunidade, e só tinha a agradecer àqueles jovens por tanta dedicação". Tornaram-se párias da sociedade e, sempre que pensava nisso, uma dor atroz tomava o peito de Diego, ao se lembrar do passado.

CAPÍTULO 9

# Sentenciados pelos sacerdotes

Era a primeira vez que Diego comparecia perante um júri, composto por membros da Igreja, por causa de uma denúncia anônima. Ele e a família moravam no campo, no vilarejo de Aragon, onde mantinham seu próprio sustento, então, para ele foi uma surpresa ser denunciado. Quando vinha para a vila era apenas para vender o produto de sua lavoura.

Segundo o júri, a denúncia ocorreu pelo aparecimento de manchas em suas mãos, que ele já havia notado, mas acreditava ser manchas do sol, devido ao árduo trabalho que realizava.

Depois de vários testes, o veredito foi que Diego estava com lepra, uma doença contagiosa. Por isso, toda a família foi sentenciada à exclusão e ao afastamento total, para o bem de toda a comunidade. Foram proibidos de voltar para o povoado, sob pena de ser confinados no leprosário, junto com os outros doentes que ali já estavam em quarentena.

Estava sob os olhares acusadores dos moradores da localidade, que antes o respeitavam, mas que agora lhe viravam as costas. Ninguém sabia como a enfermidade havia surgido. Acreditava-se que era um castigo divino por comportamentos pecaminosos.

Por toda parte onde aparecia a mazela, as sentenças dos sacerdotes eram rigorosas. Os doentes não poderiam frequentar igrejas e hospedarias, nem se aproximar da comunidade. Tinham de usar vestimentas especiais que cobrissem todo o corpo e o rosto, portando uma sineta, que deveria ser tocada para avisar de sua presença.

Em Aragon, foi criado um leprosário para separar os doentes do restante da comunidade, mas, conforme os casos foram aumentando, o medo do contágio fez com que o povo se revoltasse e colocasse fogo na habitação, obrigando os doentes a partir do vilarejo.

Diego, esposa e filha voltaram para casa emudecidos diante de situação vexatória. Jamais imaginavam que suas vidas mudariam de repente e de forma tão drástica. Quando chegaram no sítio, não sem surpresa, descobriram que todos os empregados haviam partido.

Enquanto cuidava dos cavalos, Diego pensava em como poderia cuidar de toda a sua lavoura sozinho. Não demoraria para que tudo se perdesse e eles ficassem sem comida.

Voltou o olhar para a grande plantação que tinha bem na frente de sua casa, e um desejo de acabar com a própria vida tomou conta dele. Olhou para as mãos, observando a mancha que foi o motivo de tanta desgraça e chorou, sem saber como faria para cuidar de sua família dali para a frente.

Uma pequena mão pousou em seu braço suavemente, e ele, olhando do lado, viu sua filha, o grande amor de sua existência.

- Papai, não fique assim, tudo vai ficar bem! - Afirmou a menina que, em seus nove anos, parecia tão sábia. - Você sempre me ensinou que lá no Céu existe alguém que olha por nós, em todos os momentos da vida, e que não nos desampara. Eu acredito nisso, porque Ele não me tirou você! Ainda estamos todos juntos!

Diego olhou para a filha e sorriu.

- Você tem razão, minha filha! Estamos juntos e assim continuaremos! Vamos enfrentar as dificuldades unidos. - Segurou a mão da menina e entraram em casa, para iniciar a nova fase de suas vidas.

CAPÍTULO 10

# Paz interrompida

Alguns anos se passaram e, no começo, parecia que a vida seria insuportável. Sem a ajuda dos empregados, a lavoura perdeu produtividade, e Diego teve de cultivar apenas do que era para o sustento da família.

Não demorou muito para aparecer manchas na pele de sua esposa e filha. Culpava-se por ter transmitido aquele mal às pessoas que mais amava no mundo, mas não sabia como tinha adquirido a doença. Desconfiava ter se contagiado por algum empregado temporário que havia trabalhado no sítio.

Sua esposa precisou de mais cuidados, pois já tinha saúde frágil e a doença progrediu com rapidez. Na época, a lepra era uma enfermidade mais agressiva e, para quem já tinha imunidade baixa, as feridas proliferavam pelo corpo mais depressa.

Diego cuidava dos ferimentos da esposa, principalmente de forma mística, coisa que nunca acreditou antes, já que a Medicina não tinha explicação nem cura para aquela infecção crônica. Mesmo com o aviso, na entrada do sítio, não permitindo a entrada por motivo da doença, ainda recebia algumas visitas de ciganos e curandeiros que acabaram lhe ensinando como fazer unguentos e receitas caseiras de ervas que aliviavam as dores.

– Papai, papai, venha rápido – gritou Olívia, do lado de fora da casa.

Terminando de cobrir as feridas da esposa com os remédios que havia preparado, sorriu para ela e saiu para atender a filha, que parecia aflita.

– O que foi Olívia? – Perguntou Diego, e a menina apontou para a entrada do sítio. Eram homens, mulheres e crianças, todos cobertos até a cabeça, alguns segurando varas, tocando sinos, anunciando sua chegada, mas entrando na propriedade sem pedir autorização.

– Olívia, entre e tranque a porta – pediu o pai, pegando uma foice que guardava na varanda da casa.

Quando as pessoas estavam a uns cinco metros da casa, falou alto:

– Parem aí! O que querem?

Um homem alto, com uma criança no colo, deu um passo à frente, parecendo ser o líder, e respondeu:

– Senhor, precisamos de ajuda. Estávamos em quarentena no leprosário do vilarejo, mas a comunidade enraivecida incendiou nossa moradia nos expulsando de lá. Não temos para onde ir, as crianças estão com fome e precisamos de um teto para dormir. Temos alguns doentes em estado delicado, que necessitam ser tratados.

Diego colocou a foice de lado e teve apenas alguns segundos para pensar no que faria. Olhou na direção da casa e viu a filha sorrir para ele, como a lhe pedir que os acolhesse, e ele o fez.

Durante algum tempo, conseguiu acolher a todos e conviveram em harmonia, mas, por estarem próximos ao vilarejo, logo a notícia de que leprosos moravam no sítio se espalhou, e não demorou para que alguns homens viessem importuná-los, exigindo que eles partissem.

Não adiantou Diego dizer que eles estavam invadindo propriedade particular. Tornaram a vida deles um verdadeiro inferno.

Numa noite, sem que os moradores percebessem, tais invasores incendiaram o curral e o fogo se aproximou da casa. Não conseguiram salvar as pessoas que dormiam no curral e quase perderam a moradia. Naquela noite, perdeu também sua esposa.

Diego sabia que voltariam e, mesmo diante da dor da perda de sua mulher, liderou o grupo e decidiram partir. Encontrariam outro lugar distante do vilarejo para formar um acampamento e viverem em paz.

Diego abandonou o fruto do trabalho de uma vida, para seguir adiante com sua filha e com aquelas pessoas que necessitavam dele, e deixou também, junto com sua propriedade, toda a humanidade que um dia tivera.

# CAPÍTULO 11
# Amor pelos desafortunados

Três anos se passaram, desde o dia em que Henrique sentiu a forte presença da mãe a seu lado. Muita coisa mudou a partir daquele momento e, enfim, ele conseguiu entender quais escolhas precisava fazer.

A cada dia mais, seu amor pelos desafortunados da vida era maior. Não conseguia entender de onde tirava tanto carinho por pessoas que não lhe eram tão próximas. Tinha um prazer enorme em ajudá-las. Com o trabalho que desenvolvia no acampamento, aprendeu a se proteger para que a doença deles não o contagiasse. Somente estando saudável poderia ser útil a todos.

Da entrada do alojamento, Henrique observava Inês fazendo o curativo em Olívia, pois a doença da jovem não havia estacionado e requeria mais cuidado. Estava acontecendo com ela o mesmo que ocorreu com sua mãe, conforme relato de Diego, seu pai.

Observou o carinho com que Inês cuidava de Olívia e isso o encheu de orgulho. Ao longo dos anos descobriu estar apaixonado pela filha do sr.

Garcia, e sua maior felicidade seria ver seu amor retribuído, porém, nenhum dos dois ousara romper o laço da intensa amizade que os unia. A devoção do rapaz pelo trabalho, que tanto amava, não permitia que os jovens se envolvessem afetivamente. Era como se soubessem que não teriam tempo para ficar juntos.

Diego se aproximou, ficando a uma distância segura, e se pôs a olhar na mesma direção que Henrique.

- Bom dia - disse Diego.

O olhar calmo e o sorriso doce foram a resposta de Henrique.

- Você já teve notícias da província? - Perguntou Diego.

- Ainda não. O que está acontecendo por lá? - Indagou Henrique, olhando para o homem, com interesse.

- Uma grande tragédia - disse Diego, triste. - Surgiu uma peste que está se alastrando e matando as pessoas rapidamente.

- Do que se trata? - Interpelou Henrique, franzindo a testa, preocupado; e um sinal de alerta acendeu em sua mente.

- Ninguém sabe ainda, mas parece que é uma doença incurável. Ouvi falar que os coveiros não estão dando conta de enterrar tanta gente. Estão recrutando pessoas, mesmo sem experiência, para trabalhar ao lado dos médicos, pois eles não estão conseguindo atender todos os pacientes - esclareceu Diego.

O silêncio imperou por alguns segundos, até Diego se pronunciar outra vez.

- Tenho notado você um pouco inquieto, e, apesar de ajudar muito no acampamento, sinto que este trabalho é pouco para tudo o que você sabe e pode doar.

Henrique o fitou admirado e em seguida olhou ao redor. O acampamento havia crescido e todos estavam sendo bem tratados.

- Elas vão conseguir! - Completou Diego, como se lesse os pensamentos do rapaz.

Naquele momento Henrique sentiu uma paz enorme tomar conta de seu coração e, depois de muito tempo, voltou a perceber a presença da mãe a seu lado e sorriu. Sabia que a irmã compreenderia que seu momento havia chegado.

Ao pensar em Inês seu coração ficou apertado, pois teria de se afastar dela. Aquele era um amor que talvez não tivesse futuro, porque ele tinha consciência de que não poderiam ficar juntos, não ainda. Muito trabalho ele teria pela frente. O momento de fazer escolhas havia chegado, e a paz em sua alma era a certeza do caminho a seguir.

# SEGUNDA PARTE

# CAPÍTULO 12
# Separados em prol da caridade

Enquanto Henrique se encaminhava para o escritório do Monsenhor, lembrou-se da emotiva despedida que teve com Isabel.

Para a irmã não foi nenhuma surpresa sua decisão de partir. Ela sabia que o momento havia chegado. Isabel tinha mudado muito nos últimos tempos. Desde que se mudaram para as montanhas, ela floresceu e parecia muito feliz. O brilho nos seus olhos e a paz em seu semblante mostravam que ela encontrara o ponto de equilíbrio para sua paz interior. Henrique partiu mais tranquilo, ao ver a plenitude em que a jovem se encontrava.

A despedida de Inês foi triste. Sentiu em deixá-la, mas entendia que o pouco tempo que passaram juntos foi muito importante para descobrir o quanto a amava, e isso o fez perceber que não havia apego naquele amor. Era um sentimento ainda distante da compreensão de Henrique, mas que transcendia aquela curta passagem de vida que os dois estavam vivendo.

Henrique bateu na porta do escritório do monsenhor e entrou ao ser chamado.

- Sente-se, meu filho - disse o monsenhor, sorrindo.

Henrique atendeu ao gentil convite e ficou aguardando que o sacerdote iniciasse a conversa. O monsenhor Timóteo olhou sério para o jovem, que, há poucos meses, batera à porta do mosteiro com um pedido inusitado.

- Henrique, você atravessou a fronteira até a França para se alistar e fazer parte da equipe de médicos que estão auxiliando nessa terrível peste? - Inquiriu o monsenhor.

- Isso mesmo, senhor - concordou Henrique, respeitosamente. - Creio que tenho algo a contribuir para este momento difícil. A experiência que tive, cuidando dos doentes do acampamento de leprosos, pode ser útil para amenizar essa terrível doença.

- Mas, meu filho, apesar de a lepra ser uma enfermidade terrível, ela não é tão mortífera como a peste negra. Você não vai lá para salvar vidas, vai apenas tentar diminuir o sofrimento destes miseráveis, que morrerão, com certeza.

- É isso mesmo que eu desejo, monsenhor! Acolher a dor deles, tentar fazer com que sofram o mínimo possível em seu momento derradeiro.

- A Europa vive um momento devastador. A França experimenta o apogeu dessa doença macabra. Ninguém consegue descobrir de onde ela veio. Cidades inteiras estão sendo dizimadas e seus mortos jogados em valas, porque ninguém consegue dar conta de enterrá-los, e, a cada dia, mais proliferação e mortes acontecem! As pessoas estão fugindo das cidades. É o juízo final, meu filho! - Alertou o monsenhor, entristecido. - Você é novo demais para enfrentar tudo isso ou morrer.

- Não pretendo morrer, monsenhor - decretou o jovem, sorrindo. - Aprendi a me proteger. Terei o maior cuidado possível e posso utilizar meus conhecimentos para amenizar a dor dos doentes.

- Está bem, você me convenceu! Partirá daqui a alguns dias, mas antes terá de ensinar a todos aqui do mosteiro como cuidar dos enfermos e como se proteger. Não sabemos quando esta ou outras doenças chegarão até nós.

- Será um prazer, monsenhor - disse Henrique, sorrindo e colocando-se à disposição.

Nos dias seguintes Henrique ensinou aos padres e internos como fazer curativos em pacientes e como se proteger de doenças contagiosas, como a lepra. Aprendeu como usar a máscara de bico de pássaro, para se preservar da terrível peste negra, que tanta dor estava causando para a humanidade.

CAPÍTULO 13

# Do outro lado da vida

Conceição escutava com atenção o que aquele Espírito de Luz dizia para a multidão que o ouvia. Muitos choravam, pois, apesar de estarem desencarnados, amavam os que deixaram para trás, e o fato de não estarem mais no corpo de carne não os fazia melhores dos que ainda estagiavam na Terra.

A mãe de Henrique também se encontrava emocionada, mas procurava se conter, pois sabia que tudo estava de acordo com os desígnios do Criador, e que, se a humanidade necessitava passar por aquele momento de grande dor, a Espiritualidade Maior precisaria de quantos trabalhadores pudesse recrutar para aplacar tanto sofrimento.

Acompanhada de seu Mentor, que também ouvia a orientação daquele Ser de Luz, Conceição procurava entender como poderia auxiliar naquele momento tão difícil que a humanidade começava a atravessar.

Irmão Anísio a fez sair de seus devaneios, colocando a mão em seu ombro.

- Vamos, minha irmã, temos de nos preparar.

- Irmão Anísio, quantas pessoas sucumbirão com esta tragédia. Que tristeza - desabafou Conceição.

- Querida irmã, nada foge aos desígnios divinos, ninguém está abandonado. Ao longo da história da humanidade, o que chamamos de tragédia foi sempre o início de novos tempos - argumentou o Benfeitor. - O Plano Espiritual, em toda dimensão astral, se prepara para receber esses irmãos, e precisará muito da ajuda de todos os que puderem colaborar. Inclusive, alguns irmãos que voltarão em definitivo da Terra em breve também auxiliarão.

- Como isso é possível? - Inquiriu Conceição, perplexa. - Eles não necessitam de algum tempo para se ajustar ao seu "Novo Lar"?

- Nem todos, minha irmã. Alguns Espíritos não necessitam desse tempo e, quando se trata de situações como a que a humanidade enfrenta, já começam a ser preparados durante o sono físico. A Espiritualidade Maior recruta até companheiros que ainda continuam estagiando na Terra para auxiliar, e eles trabalham enquanto dormem.

- Mas como isso ocorre? - Questionou Conceição.

- Eles podem ajudar enquanto estão parcialmente desligados do corpo físico, mas, para que isso aconteça, é preciso que já tenham conexão mais plena e intensa com a espiritualidade - explicou o Mentor.

- Mas que tipo de trabalho esses irmãos realizam? - Continuou Conceição.

- Eles auxiliam nos postos de socorro, que são montados no Umbral para receber os recém-desencarnados. Muitos Espíritos chegam aqui confusos, sem lucidez e sem condições de entender que partiram da vida terrena, acreditando que estão num hospital. E é para onde serão levados, para um hospital de almas.

- Mas haverá lugar para todos? - Perguntou a mãe de Henrique e Isabel.

- Sim, mas infelizmente nem todos estarão preparados para ser atendidos nos postos de socorro, contudo, nem por isso ficarão abandonados. Todos irão receber amparo e oportunidade de refazimento. Caso não estejam prontos para isso, haverá outro momento em que poderão ser resgatados. O Criador jamais deixa nenhum de seus filhos para trás. Cada Espírito terá seu momento de acordar para a Luz e lá estará um tarefeiro de Jesus para recebê-lo.

Conceição se emocionou com as últimas palavras do Irmão Anísio, porque entendia muito bem o que ele queria dizer. Com ela não tinha sido diferente. Demorou um pouco para compreender o que tinha acontecido, após sua partida da Terra, e aquele Irmão querido não havia desistido dela em nenhum momento. Quando ela afinal abriu os olhos para a Luz, ele estava ao seu lado.

CAPÍTULO 14

# Reencontro de amor e paz

Isabel acordou mais cedo naquele dia, já que precisava ir até o bosque buscar algumas plantas, que estavam faltando, para fazer a infusão. Encontrou Inês na cozinha, estranhando a jovem ter acordado tão cedo.

– Bom dia, Inês! O que a tirou da cama tão cedo? – Interrogou Isabel, sorrindo.

A jovem estava quieta, e Isabel logo desconfiou do motivo de seu silêncio.

– Está sentindo falta de Henrique. Não é? – Perguntou Isabel, e a jovem acenou com a cabeça, concordando.

– Eu vou andar um pouco a cavalo, e depois irei até o riacho me distrair por um tempo. Mais tarde volto para ajudar vocês no acampamento – avisou Inês.

– Já que vai andar a cavalo, espere eu tomar café e me leve até o bosque, por favor – pediu Isabel. – Assim eu não demoro tanto. Preciso buscar umas plantas que estão faltando e gostaria de prepará-las na volta, antes de ir para o acampamento.

Após alguns minutos, as moças partiram, deixando Angelita dormindo tranquila.

Despedindo-se de Inês, Isabel embrenhou-se bosque adentro, aproveitando o nascer do sol, que se irradiava entre as árvores. Ela adorava caminhar por ali, pois captava uma intensa energia espiritual. Sempre que se sentia triste ou saudosa da mãe, ia até lá recuperar as energias.

Suspirou enlevada e, sentindo-se em paz e em plena harmonia, começou a procurar as plantas medicinais que buscava. Ao encontrar o que procurava, agachou-se, recolheu com cuidado as plantas com suas raízes e colocou-as dentro do cesto. O silêncio permitia que apenas o barulho dos pássaros chegasse até ela, e aquilo acalmava seu coração.

Sentiu um arrepio na nuca e percebeu que alguém a observava. Levantou-se tranquilamente e, se virando, deparou-se com a mãe e um ancião a observá-la.

– Mamãe.... – Uma forte emoção tomou conta dela, ao ver aquela que a acompanhou espiritualmente por toda a vida.

– Filha amada! – Sua mãe estendeu as mãos e a abraçou com carinho.

– Que alegria ver você! – Declarou Isabel, com lágrimas nos olhos.

– Também estou comovida, minha filha, por nosso Pai Maior ter nos permitido este momento.

– Mamãe, quanta falta sinto da senhora! – Lamentou a moça.

– O Bom Pai nos concedeu este momento – falou Conceição, abraçando a filha. – Aproveitemos cada segundo.

Isabel não conseguia conter sua emoção ao ver a mãe e perceber a paz que sentia ao lado daquele Espírito.

– Minha filha adorada, lembre-se de que momentos difíceis são apenas momentâneos para a sublimação e o reencontro da alma. Nos despedimos agora, mas logo estaremos juntas novamente, se Deus assim o permitir.

Isabel sorriu e fechou os olhos por instantes, enlevada por sentimento inexplicável, e, quando os abriu de novo, estava sozinha outra vez. Olhou no entorno e verificou que o silêncio do bosque voltara a reinar. Por alguns momentos, um vazio e uma tristeza infinita tomaram conta de seu coração, mas recordou-se das últimas palavras da mãe e sorriu.

Segurou firme o cesto e seguiu para casa. Não via a hora de contar para Angelita o que tinha acontecido.

CAPÍTULO 15

# O que teria acontecido?

Inês abriu os olhos, sentindo uma quentura no rosto, e sentou-se, ao perceber que tinha pegado no sono. Olhou em volta e viu seu cavalo amarrado um pouco longe. Suspirou, tranquila.

Havia se deitado na relva, à beira do riacho, e acabou adormecendo. Pela altura do sol e pela dor no estômago, era quase hora do almoço. Sua irmã ficaria muito brava, porque não fora com ela ajudar no acampamento.

Levantou-se apressada, pegou seu cavalo e partiu. Cuidaria da casa e prepararia um delicioso almoço para acalmar a irmã.

Chegando no sítio, colocou seu cavalo no celeiro e, quando entrava em casa, estranhou ao ver a porta da cozinha aberta, já que isso não era costume das moradoras. Achando que poderia ter sido um andarilho, que arrombou a porta na ausência das moças, olhou ao redor e pegou um pedaço de madeira que estava próximo.

Parou na varanda da casa, procurando ouvir algum barulho. Foi quando escutou um gemido. Seu coração batia em descompasso. Segurando a madeira com firmeza, entrou na casa. Num primeiro momento pareceu estar tudo em ordem, mas, verificando melhor, viu alguém caído no chão, perto da janela.

Correu até lá e, assustada, percebeu que havia uma mulher desacordada. Abriu a janela da sala, para que o sol entrasse no ambiente, e assim pudesse ver quem era.

Agachando-se próxima ao corpo, reconheceu Isabel, que parecia desacordada. Não havia nenhum ferimento aparente nela. Virou a moça e, somente assim, pôde ver uma pequena ferida em sua testa. Também viu sangue na quina da mesa. Parecia que Isabel tinha caído e batido a cabeça.

Inês levantou-se, sem saber o que fazer, e ouviu novamente o gemido que parecia vir do quarto. Correu na direção do cômodo e ficou chocada com o que viu. Encontrou a irmã largada no chão.

– Angelita, Angelita, pelo amor de Deus, o que aconteceu aqui? – Inês estava apavorada.

Tentou levantar a irmã e, com toda a sua força, arrastou-a até a cama. Angelita apenas gemia sem nada dizer.

Inês não sabia se ajudava a irmã ou se voltava para a sala, para acudir Isabel. Segurou as mãos da irmã e, olhando em seus olhos, perguntou:

– Você está ferida?

A irmã nada respondeu. Seus olhos estavam opacos e sem vida.

– Quem fez isso com vocês, Angelita? – Questionou Inês.

Lembrou-se de que o pai havia deixado uma arma

guardada na casa e correu para buscá-la. Ficou um tempo perto da irmã e, ao verificar que estava tudo bem com ela, voltou para a sala, para tentar acordar Isabel.

CAPÍTULO 16

# Dor, revolta e lucidez

Inês agitava Isabel com delicadeza, para ver se a moça acordava, mas ela não reagia.

- Inês, pare com isso - ordenou Angelita, de forma ríspida, parada na porta. - Isabel está morta. Precisamos enterrá-la o mais rápido possível e tomar algumas providências antes de partirmos.

- Angelita, nunca a vi tão fria assim, minha irmã - disse Inês, atordoada e emocionada ao mesmo tempo. - Estou respeitando a sua dor, mas gostaria de saber o que houve. Precisamos ir atrás dos culpados antes que eles voltem.

- Ele vai voltar, justamente por isso precisamos agir com rapidez - explicou Angelita.

Inês levantou-se do chão e foi até a irmã, segurando-a pelos ombros.

- Angelita, tenho o direito de saber o que aconteceu aqui. Vamos partir para onde? Não podemos fazer isso com Henrique. Ele vai voltar e não vai nos encontrar. Se você sabe quem fez isso precisa denunciar.

- Você não entende, Inês - Angelita acenou com a cabeça.

- Estou tentando entender - lamentou Inês.

- Não podemos denunciar o culpado, pois ninguém vai nos proteger depois disso. Está me entendendo? - Gritou a irmã. - Vamos dar um enterro decente à Isabel e depois explico tudo a você.

Com todo o carinho, as duas irmãs deram um funeral honroso para Isabel, e Angelita proferiu algumas preces, cobrindo sua cova com flores.

Voltaram para casa em silêncio, e Inês foi preparar uma sopa para Angelita, que até aquele momento não tinha comido nada. Levou o prato até o quarto, onde encontrou a irmã deitada na cama, pensativa. Sentou-se ao seu lado em silêncio e esperou que se alimentasse, até que estivesse pronta para falar.

- Não quero contar os detalhes do que houve, quero apenas esquecer - comentou Angelita, fechando os olhos. E, após alguns segundos, continuou: - O que você precisa saber é que eu fui violentada, e meu algoz empurrou Isabel com tanta força, que ela bateu a cabeça na quina da mesa.

Inês levantou-se abruptamente. Por que não tinha compreendido aquilo antes? - Pensou.

- Quem fez isso com vocês, Angelita? - Inquiriu, com muito ódio.

- Este ainda não é o momento de você saber, Inês. Basta apenas uma de nós carregar tanto ódio. Do jeito que te conheço, é capaz de matá-lo.

- E por que ele mereceria continuar vivo, depois de tudo o que fez? - Questionou Inês, revoltada.

- Porque morrer vai livrá-lo da culpa. Ele precisa continuar vivo para se arrepender ou pelo menos para colher as consequências do que me fez. Assim é a vida, minha irmã - disse Angelita com tristeza. - Se eu deixar que você o mate, não terei aprendido nada do que me foi passado pelos Bons Espíritos durante todos esses anos.

- Que se danem os Espíritos, Angelita! - Esbravejou Inês. - Podemos denunciá-lo e ele irá preso.

- Acalme-se, Inês! Ele ainda vai querer voltar. Os Espíritos pouco esclarecidos e ainda tendentes à maldade que estão ao lado dele, não vão lhe dar tréguas até que ele retorne.

Um arrepio subiu pela espinha de Inês, ao ouvir aquelas palavras, mas nada disse.

- Precisamos pensar no nosso futuro - afirmou Angelita. - Amanhã iremos até a cidade pedir ao tabelião para passar este sítio para o seu nome e o nome de Henrique. Então compraremos todos os mantimentos que conseguirmos carregar. Reservaremos algum dinheiro para levar e partiremos para as montanhas. Daqui a poucos meses, o inverno chegará e teremos de estar bem adaptadas ao lugar para onde vamos.

Inês não conseguia acompanhar o raciocínio da irmã, que parecia já ter planejado tudo.

- Minha irmã, não estou entendendo nada. Para onde vamos?

- Lembra-se que passávamos o inverno naquele chalé que papai construiu nas montanhas? Ele ainda existe, e papai cuidou para que se mantivesse bem limpo, por alguém que mora pelas redondezas, porque, sempre que voltava de suas longas viagens, passava primeiro lá para descansar. No local tem uma pequena aldeia com poucos habitantes, dá para subir de carroça, se não tivermos pressa, assim descansamos bem os cavalos. Será uma viagem de muitos dias, mas, a partir do momento em que sairmos daqui, não pretendo voltar tão cedo.

- Deixaremos o sítio abandonado? - Contestou Inês, ainda sem acreditar no que estava acontecendo.

- Não temos alternativa! Mas esta não é uma terra sem dono. No devido tempo, seus proprietários virão reivindicá-la. Deixaremos uma mensagem na cidade, para o caso de Henrique voltar.

Inês se sentiu mais tranquila com as palavras da irmã, mas continuava preocupada com ela, que estava firme em suas decisões. A violência que havia sofrido fora grave. Confiaria nela e a seguiria!

CAPÍTULO 17

# Pronto para ajudar

A carroça chacoalhava ainda mais, quando as rodas enroscavam nas pedras do caminho. A cabeça de Henrique latejava de dor, depois de vários dias de viagem pelas estradas esburacadas.

Saiu do Mosteiro de Montserrat, rumo a Proença, sem imaginar que a viagem seria tão desgastante, mas finalmente estava chegando ao seu destino. Levava com ele uma carta de referência do Monsenhor Timóteo para entregar ao Monsenhor da Abadia de Proença, indicando que seria de grande ajuda na luta contra a peste. Estava ciente de que poderia ser útil e faria o que estivesse ao seu alcance para isso. Tinha se preparado por longos meses para a tarefa. Trouxera consigo todos os apetrechos e roupas necessários para seu trabalho.

Chegando na fronteira, foi barrado por soldados que não permitiam a entrada de estranhos. Parou a carroça um pouco distante da barricada e se aproximou, sem chegar muito perto.

- Alto lá - disse um dos soldados. - Quem é você?

- Meu nome é Henrique Castanheiras, estou vindo do Mosteiro de Montserrat e tenho uma carta do

Monsenhor Timóteo para entregar ao Monsenhor responsável em Proença.

O soldado pediu que Henrique abrisse e lesse a carta em voz alta. Assentiu com a cabeça e pediu para que o outro companheiro desse passagem para Henrique.

– Você pode passar, mas antes quero dar uma olhada no que você traz na carroça – ordenou o soldado que, rodeando a carroça, com a espada descobriu os pertences de Henrique.

– Você é médico? – Interpelou o soldado meio descrente, ao ver a máscara de bico de pássaro e as roupas que Henrique trazia na carroça.

– Eu não sou médico, mas conhecedor de moléstias contagiosas, e vim para ajudar.

– Você chegou tarde, rapaz – lamentou o soldado, cujos olhos se escureceram de dor e tristeza. – Não há muito o que salvar por aqui. Se você for esperto, vai voltar de onde veio, se lá estiver melhor do que aqui.

– Não posso! – Declarou Henrique decidido. – Onde encontro o Monsenhor?

– Se você veio para ajudar e tem certeza do que está fazendo, o levarei até ele. A cidade está um verdadeiro caos, e o Monsenhor se refugiou no campo, para ficar seguro, depois da morte dos padres. Vamos!

– Mas as pessoas na cidade... – começou a dizer Henrique, olhando na direção oposta da que estavam indo.

– Como eu expliquei rapaz, não há muito o que fazer por lá. Você não tem ideia do que vai presenciar - alertou o militar. - As pessoas estão morrendo rapidamente, não temos como salvá-las, não há como enterrá-las. Os familiares dos doentes, que têm algum juízo, já foram embora e abandonaram seus moribundos.

O coração de Henrique se contorceu de dor, ao ouvir as amargas palavras do soldado, e isso transpareceu em sua fisionomia.

- O que você queria que eles fizessem? Ficassem ali para morrer? Até os médicos faleceram. Esta máscara que você está trazendo não serve para nada. Você vai morrer também - sentenciou o soldado.

- E por que você não foi embora? - Retrucou Henrique, curioso.

- Eu sou um militar e sirvo meu país enquanto ele precisar de mim. Estou longe da cidade, me protegendo como posso. Apesar de o Apocalipse estar se aproximando, não devo deixar ninguém sair nem entrar. Vou permitir sua presença por causa dessa carta e porque agora só estamos com um médico.

Henrique seguiu o soldado em silêncio e vibrou para que tudo corresse bem dali para a frente. Ele tinha vindo ajudar e aplacar a dor dos sofredores. Sabia que não poderia fazer mais nada além disso.

CAPÍTULO 18

# Todos em pânico

As pessoas estavam tão assustadas com a chegada da peste que as poucas que não foram contaminadas se isolaram de tudo e de todos.

Quando Henrique chegou na fazenda, onde se refugiava o Monsenhor de Proença, sua entrada não foi permitida. Ele foi recebido na porta, ficando do lado de fora. O militar também não teve permissão para se aproximar, explicando de longe o motivo da presença deles.

- Sim, sim, conheço o Monsenhor Timóteo. Ele é um bom homem de Deus. Se ele mandou você, posso confiar. Mas não pode ficar aqui, não é seguro para mim. Se quiser, pode passar a noite no estábulo, e ao amanhecer seguirá para a cidade. Irá sozinho, o soldado não o acompanhará. Não posso arriscar perder os poucos homens saudáveis que tenho.

- Compreendo, senhor, farei como me ordena. Mas onde ficarei na cidade? - Perguntou Henrique.

- Localize a enfermaria e procure pelo médico. Diga que eu o mandei para ajudá-lo. Ele o receberá. - O Monsenhor olhou para os lados, um tanto assustado e, acenando com a mão, entrou sem mais palavras.

Henrique olhou para o soldado, que ainda estava sobre o cavalo, e ele apontou a direção do estábulo.

– Cuide-se, rapaz – avisou. – Você vai ver muita coisa feia por lá. Ainda é jovem, não permita que tudo o que for presenciar endureça seu coração a ponto de não acreditar em mais nada. E ore por todos nós!

Dizendo isso, o militar se afastou, deixando Henrique sem ação. Após alguns instantes, pegou as rédeas do cavalo e seguiu para o estábulo, para descansar um pouco.

No Plano Espiritual, Isabel abriu os olhos, chamando pelo irmão. Estava sonhando com ele, sentia saudade dele e temia por sua vida. Desperta, sentou-se na cama, olhando em volta, sem reconhecer onde estava, e notou a presença do Irmão Anísio ao lado do leito. Ao vê-lo, sentiu uma alegria imensa e sorriu, encantada.

– Irmão Anísio, é uma benção encontrá-lo de novo. Não vou esquecer jamais a oportunidade de ter a visão de tão magnífica luz que a Providência Divina me ofertou, quando estava no bosque. Serei eternamente grata – declarou Isabel, sorrindo. – Mas onde estou?

– Fico feliz que esteja bem, minha filha – falou o bondoso ancião, com alegria, sem dizer mais nada. Isabel olhou ao redor, tentando se lembrar dos acontecimentos mais recentes, mas a última coisa de que se lembrava era do encontro no bosque.

Apalpou-se e, desconfiada, perguntou:

– Estou viva?

– Você se sente viva? – Questionou o Irmão Anísio.

- Mais do que nunca! - Afirmou a jovem, com alegria.

- Sim, você está viva em Espírito, em Outra Dimensão e sem o corpo de carne.

- Estou morta... - disse, surpreendida, mas não sentiu medo, desespero ou tristeza ao fazer essa descoberta.

- Você voltou para casa - esclareceu o Irmão Anísio.

- Onde está minha mãe? - Quis saber a moça.

- No momento sua mãe está em missão, auxiliando Henrique.

- Henrique...Eu acordei pensando nele. Ele está bem?

- Está sim, minha filha.

- Estou me sentindo estranha, mas não confusa - comentou Isabel. - Gostaria de fazer várias perguntas sobre como vim parar aqui, mas me sinto como se realmente tivesse voltado para casa. E, mais estranho ainda, Irmão Anísio, tenho a impressão de que estou me preparando para um trabalho. Estou eufórica - complementou.

- Sobre essas perguntas, é natural querer saber o que houve, mas isso poderemos conversar em outro momento, já que sua atenção está mais voltada para seu irmão e sua mãe. Você realmente tem uma tarefa a realizar, e ela continuará daqui - explicou o Irmão Anísio.

- Antes de reencarnar você se preparou para esse trabalho. Em vida, cumpriu muito bem sua tarefa ao lado de seu irmão. Preparou-o para a missão, que agora ele inicia. Daqui para a frente seguirá ao lado dele em Espírito, amparando-o.

Enquanto ouvia aquelas palavras, um filme foi passando pela mente de Isabel. Lembrou-se da morte da mãe, da vida ao lado do irmão, de suas visões, da viagem, do trabalho no acampamento.

Sorriu com as lembranças. Sentindo cansaço, uma suave sonolência acometeu-a, fazendo-a deitar outra vez e adormecer.

CAPÍTULO 19

# Poucos para socorrer muitos

Henrique percorreu a estrada a caminho da cidade, permitindo que o cavalo galopasse tranquilo, lembrando-se do sonho que teve na noite passada.

Sonhara com Isabel e a mãe, e acordou extremamente confortado. Sentia-se muito bem e o medo do dia anterior havia arrefecido. Tinha consciência de que o que viria pela frente não seria nada agradável, mas estava preparado para enfrentar o desconhecido.

Alguns metros à sua frente, algo caído no chão chamou-lhe a atenção e, ao se aproximar, viu que se tratava de um cavalo morto. Sem parar, seguiu viagem, e tornou-se comum ver animais mortos ao longo do caminho. Resolveu interromper a jornada para colocar as roupas de proteção. Se o contágio na cidade estava tão alto quanto o soldado dizia, e os animais mortos pareciam demonstrar isso, ele teria de tomar o máximo de cuidado possível.

Henrique estava subindo na carroça, quando escutou um gemido. Olhou à sua volta e nada viu. Novo gemido se fez ouvir e, como não sabia de onde vinha, embrenhou-se na mata para procurar, encontrando um homem desacordado.

Agachou-se para examiná-lo. Ele parecia febril e delirante, além de ter enormes manchas negras cobrindo seu corpo. Aqueles eram os sintomas da peste e Henrique ficou pensando como faria para ajudar o pobre homem. Não poderia levá-lo na carroça, para não contaminar o material que trazia.

Doía-lhe a alma ter de fazer isso, mas naquele momento precisava tomar decisões sensatas. Não podia perder todo o material, que seria muito útil em seu trabalho no atendimento aos pacientes.

Arrastou o homem para debaixo de algumas folhagens, de modo que ficasse protegido do sol escaldante, e, colocando a mão sobre sua testa, mesmo sem saber se ele ouviria, disse:

– Voltarei para buscá-lo, meu amigo!

Ao entrar na cidade, a visão dos animais mortos foi substituída por seres humanos sem vida. Havia pessoas caídas por toda parte e era impressionante ver a quantidade de lixo misturado aos corpos em estado de decomposição. O barulho da carroça parecia ter chamado a atenção dos moradores, pois frestas das cortinas se abriram nas janelas das casas.

Henrique engoliu a seco, ao ver por todos os lados imagens indescritíveis, um inferno inimaginável de sofrimento, mas, ao mesmo tempo, ficou aliviado em notar algumas pessoas vivas e saudáveis. A cidade tinha um ar fétido, que impregnava, e só não chegava mais forte ao seu nariz por causa da máscara de bico de pássaro que usava, a qual estava protegida por ervas que, segundo diziam, preservava do contágio da peste.

Henrique chorou ao ver corpos jogados ao léu, sem um enterro decente e a despedida de familiares. Seguiu, tentando se manter firme em seus propósitos, e pensou que uma doença como aquela poderia proliferar muito num ambiente sujo daquele jeito.

Algo que tinha aprendido no acampamento dos leprosos era manter a higiene, pois isso os afastava de todos os tipos de vermes[1] e ajudava a prolongar a existência dos doentes, dando-lhes melhor qualidade de vida e até curando, de modo mais efetivo, suas feridas.

Se a cidade continuasse suja daquele jeito, com corpos em decomposição no meio das ruas, pouco sobraria para salvar.

Parou a carroça em frente a um prédio com a placa "enfermaria". Já vestido para o trabalho, subiu a escada, bateu à porta e aguardou, enquanto observava em volta. A porta se abriu com um rangido, e Henrique se viu recepcionado por uma moça loura vestida de branco, que olhou para ele parecendo assustada.

---

1 No tempo desta história, a microbiologia ainda não existia como ciência. O termo "vermes" foi escolhido para compatibilizar com o exíguo conhecimento do personagem, mas teria sido melhor se o texto pudesse expressar o problema que observava com outras palavras, tais como germes, micróbios, bactérias, bacilos, vírus, fungos e outras espécies de invisíveis aos olhos humanos. **(Nota da autora).**

- Eu gostaria de falar com o médico de plantão, com urgência, por favor - pediu o rapaz pausadamente, em seu precário francês, sem tirar a máscara. - Preciso voltar para buscar um ferido na estrada.

- Quem é você? - Indagou a moça, que parecia tão nova quanto ele.

- Meu nome é Henrique, e fui enviado pelo Monsenhor de Proença.

- Entre - convidou a jovem, colocando-se ao lado, para que ele passasse. - Meu nome é Gisele.

Subiram as escadas até o andar superior e entraram no cômodo onde o médico atendia um paciente.

- Entre, entre - falou o homem. - Sou o dr. Jean. Mas o que é isso em seu rosto?

- Meu nome é Henrique, doutor, fui enviado pelo Monsenhor de Proença - informou, percebendo que o médico não conhecia a máscara. - Esta é uma máscara de bico de pássaro e protege contra a peste. O senhor não tem uma?

- Meu amigo, quase não temos remédios para os doentes, máscara é um luxo.

Agora Henrique entendia porque muitos médicos haviam morrido. Eles tratavam os doentes sem a devida segurança. A máscara não protegia totalmente, mas, sem ela, atender os enfermos era assinar uma sentença de morte.

- Tire esse negócio, eu quero ver quem vai estar ao meu lado nesta batalha - ordenou o médico, impaciente.

O rapaz tirou a máscara devagar, e o doutor disse um palavrão, ao olhar para Henrique.

- Eles estão loucos? Você é um menino! - Exclamou, enquanto se afastava do paciente. Lavou as mãos numa bacia com água e, depois de enxugá-las, voltou a se dirigir ao rapaz. - Mas quem é você?

Henrique contou rapidamente quem era e o que estava fazendo ali.

- Muito bem, Henrique, que seja! Você e minha filha são toda a ajuda que tenho para cuidar desses doentes. Não posso me dar ao luxo de mandá-lo embora, como fez um bando de covardes desertores.

- Quem são os desertores, senhor? - Quis saber Henrique, interessado.

- O Clero, os soldados e até os poucos coveiros que tínhamos. Todos nos abandonaram. Você não viu lá fora pilhas de mortos jogados nas ruas?

- Mas, senhor, isso não pode ficar assim, senão a peste prolifera - alertou o jovem.

- Você não entendeu, meu rapaz. Não dá para enterrar todos eles, o contágio se deu também quando os parentes resolveram sepultar seus mortos. As poucas famílias que sobraram se trancaram em suas casas e só saem quando têm algum doente para tratar.

- E onde estão os moradores que restaram?

- Fugiram para o campo, muitos deixando familiares agonizando. Mas quem pode condená-los? - Avaliou o médico. - Não importa, temos muito trabalho pela frente. Gisele vai levá-lo até nossa casa, onde um quarto o aguarda. Deixe suas coisas lá e volte aqui para trabalhar.

- Senhor, preciso alojar minhas coisas rápido e voltar à estrada para resgatar um ferido que encontrei pelo caminho. Infelizmente ele não se encontra em boas condições de saúde, mas merece todos os cuidados necessários.

- Muito bem, meu rapaz - concordou o médico. - Vá buscar seu primeiro paciente, mas é preciso que você compreenda que verá muita dor e sofrimento por aqui.

## CAPÍTULO 20

# Dificuldades para socorrer

Henrique acordou descansado, depois de um primeiro dia de trabalho desgastante. Antes de repousar, havia voltado à estrada, onde tinha deixado o ferido, e trouxe-o para a enfermaria, concedendo-lhe os primeiros atendimentos. Seu estado de saúde não era nada bom, mas pretendia fazer o que estivesse ao seu alcance para mantê-lo bem.

Henrique tomou seu café da manhã e seguiu para o trabalho.

Parou no primeiro degrau da escada e, olhando até o fim da rua, fechou os olhos, sem querer acreditar no que via. Uma mulher estava de costas para ele, olhando os corpos no chão. Quando abriu os olhos, ela se virou para ele com o olhar triste.

- Isabel? - Sussurrou Henrique. Fechou novamente os olhos e, quando os abriu outra vez, sua irmã não estava mais lá.

Acreditando estar tendo visões, por causa do cansaço da viagem, acenou com a cabeça e subiu a escadaria. Encontrando o dr. Jean na recepção, colocou a roupa sobre a mesa, junto à máscara que havia trazido.

- O que é isso? - Interpelou o médico, desconfiado.

- Eu trouxe essa roupa para o senhor vestir - explicou Henrique. - Precisa se proteger contra a peste.

- Você acha mesmo que vou vestir essa coisa? - Retrucou o médico, rindo. - Ora, seu moleque! Eu não me tornei médico para cuidar dos meus pacientes com esse monte de panos. Jamais colocarei isso.

- Mas, senhor, é para sua proteção, já que a peste é contagiosa. Se o senhor usar vai preservar a si mesmo e aos doentes - insistiu Henrique.

- Não me diga o que fazer. Está me entendendo? Você não estava aqui, quando dezenas de pessoas morreram ao meu lado, inclusive médicos amigos, enquanto eu estou aqui, vivo! E se estou vivo é pela vontade de Deus.

- Mas como o senhor, como médico, pode pensar assim? - Indignou-se Henrique, atônito. - Eu também acredito na existência de um Criador que vela por nós, mas, se Ele nos deu ferramentas para nos cuidarmos, não podemos dispensá-las, ainda mais se quisermos salvar o máximo de pessoas possível.

- Não insista, meu rapaz - contestou o médico, começando a ficar nervoso. - Se você quiser continuar aqui, terá de aceitar a minha forma de trabalhar.

Henrique suspirou, desistindo de argumentar com o doutor, e lembrou da visão que teve com a irmã.

- Dr. Jean, pelo que observei quando cheguei, os moradores estão isolados em suas próprias casas. Correto?

- Isso mesmo.

- As ruas estão repletas de cadáveres que podem contagiar as pessoas que ainda estão bem. Precisamos fazer algo para mudar isso - alertou o jovem.

- É impossível! Os poucos coveiros, que sobreviveram, partiram. Abriram algumas covas, mas não foram suficientes - argumentou o médico, indiferente.

O olhar de tristeza da irmã não saía da sua mente, então, lembrou-se da visão que ela teve, ainda na casa que moravam antes de ir viajar.

- Doutor, se não limparmos as ruas, cada vez mais pessoas morrerão...

- E quem você espera que faça isso? - Questionou o médico. - A própria comunidade?

- Se o senhor me permitir, farei isso, mas pedirei ajuda a alguém que conheci quando aqui cheguei.

O médico olhou para o rapaz, não acreditando que ele queria fazer aquilo, e decretou:

- Você vai morrer! É mais útil para mim vivo do que morto!

- Se eu estiver preparado e protegido com minhas roupas, não acontecerá nada comigo - afirmou Henrique, confiante. - E, se eu conseguir limpar as ruas, não teremos tantos enfermos.

- Se você sobreviver, sem pegar essa maldita peste, eu uso essa máscara e essa roupa dos infernos - zombou o médico.

– Eu vou cobrar sua promessa, senhor! – Avisou o rapaz, com meio sorriso.

E assim foi feito. Henrique pediu ajuda para o soldado de bom coração, que conheceu no primeiro dia de sua chegada à cidade. Não foi fácil convencê-lo, mas, depois que o jovem explicou como se daria o processo de limpeza, e que o militar teria de vestir roupas como as dele, o soldado acabou cedendo.

Enquanto vivesse, Henrique jamais esqueceria o que presenciou. Após juntar os restos mortais dos moradores, em vários pontos e vielas da cidade, e de amorosamente orar por eles, tiveram de queimá-los, para que não houvesse risco de contaminação.

As famílias observavam pelas janelas o trabalho dos dois homens, agradecidas por terem feito honrosa cerimônia de despedida para todos os mortos. Também entenderam que não havia alternativa, a não ser queimar todos os restos mortais e os objetos contaminados.

Foram vários dias de intenso trabalho, a ponto de deixar os novos amigos esgotados física e mentalmente. Mas foi gratificante entender que colaboravam para que aquela praga não se propagasse mais.

As ruas continuavam sujas, e era necessária a conscientização do povo para compreender a necessidade de higiene básica, evitando a proliferação de novas doenças. Isso precisaria vir por meio da mudança de conduta, o que não dependia de Henrique, mas de cada habitante da localidade.

Henrique estava lançando a semente dessa nova cultura, contudo, estava nas mãos de cada indivíduo transformar o próprio futuro.

# CAPÍTULO 21
# Bebê inesperado a caminho

Inês sentiu um frio gélido arder em seu rosto, enquanto levava os pedaços de madeira para dentro do chalé. Tinha de correr contra o tempo, pois o rigoroso inverno das montanhas se aproximava. Precisava fazer estoque da lenha que iria aquecer o lar durante a fria estação.

Passaram-se dois meses desde que ela e a irmã tinham chegado às montanhas, e Inês sentia-se em casa. Imaginou que encontraria uma cabana abandonada, mas foi com grata surpresa que se deparou com um pedacinho de terra bem cuidado, com flores e até um celeiro para guardar a carroça e os cavalos. Ela não fazia ideia de que o pai tinha conseguido juntar dinheiro para lhes deixar aquele lugar aconchegante.

Era um local bem afastado e de difícil acesso, com uma viela onde residiam poucos moradores, mas que poderia ser o lar delas pelo tempo que necessitassem. Tudo seria perfeito, se não fosse a sombra que carregavam. Foi um grande choque para ambas descobrir que a irmã estava à espera de um filho. Um ódio descomunal subia pelas entranhas de Inês, ao se lembrar do motivo pelo qual aquela criança estava sendo gerada.

Angelita, nos primeiros dias após a descoberta da gravidez, ficou muito abatida, mas, com o passar do tempo, sua fisionomia foi serenando e passou a aceitar o bebê que trazia em seu ventre. Explicou a Inês que, apesar das circunstâncias, aquele bebê seria muito amado e bem-vindo. Inês tentava sentir o mesmo. Esperava que, até a chegada do bebê, o amasse da mesma forma que a irmã aprendeu a amá-lo.

Entrou rápido em casa, colocou as madeiras no chão e encostou-se na porta, tentando acostumar a vista à escuridão do ambiente. Com a chegada do inverno, o sol se punha mais cedo e tinham de alimentar a lareira para se manter aquecidas.

Angelita estava sentada numa cadeira, de olhos fechados, com um sorriso nos lábios e a mão sobre a barriga.

– Angelita? – Inês chamou a atenção da irmã.

– Minha querida irmã, desculpe-me a distração – justificou-se, sorrindo. – Era para eu estar lhe ajudando lá fora, mas acabei adormecendo e não a vi sair. Samanta me deixa sonolenta e sem forças.

– Como você sabe que o bebê é uma menina? – Inês perguntou, curiosa, sentando-se aos pés da irmã.

– Uma mãe sente, minha irmã – afirmou Angelita, com um sorriso.

– É só isso mesmo? – Insistiu Inês. – Por vezes percebo você um pouco distante deste mundo, principalmente depois que descobriu sobre a chegada do bebê. Tem alguma coisa que eu precise saber?

– Por enquanto não – disse Angelita, misteriosa.

Inês suspirou e fechou a cara, sabendo que, quando a irmã ficava enigmática daquele jeito, não adiantava perguntar mais nada. Angelita riu da fisionomia carrancuda de Inês e disse:

– Minha irmã, você tem muito ainda a aprender e estarei aqui para lhe ensinar tudo a nossa mãe me transmitiu – explicou. – Já passei pelo que você está passando e tive de conter minha curiosidade. Nossa mãe me ensinou a refrear minha impetuosidade e espero conseguir acalmar a sua também.

– Não sei se quero ter os seus dons – afirmou Inês, um tanto assustada.

– Mas você já tem alguns. Você vê Espíritos...

– Mas nunca gostei de vê-los – retrucou Inês.

– Quando aprendemos que atraímos os Espíritos conforme nossa sintonia e vibração, compreendemos que depende de nós ter ao nosso lado os bons ou os maus Espíritos.

– Eu via a mãe de Henrique... – comentou Inês.

– Sim, e você pode ver e entender muito mais, caso você queira. Estarei aqui para ajudá-la, se você concordar – esclareceu Angelita.

– Bem, o que mais teremos neste inverno é tempo – falou Inês. – Sinto muita falta de Henrique e me preocupa não ter notícias dele, sabendo que existe uma peste rondando o mundo. Ainda bem que ela não chegou até aqui.

– Vamos cuidar para que ela não chegue. Lembre-se de que no acampamento nossa maior preocupação era com a higiene, justamente porque entendemos que, num ambiente limpo e asseado, é mais difícil a proliferação de vermes e pestes.

– Que os bons Espíritos estejam cuidando bem de Henrique – pediu Inês, levantando-se para empilhar as madeiras que trouxera de fora.

CAPÍTULO 22

# Reconhecido como médico

Os meses foram passando e Henrique mal tinha tempo para descansar. Era doloroso não poder evitar mortes, mas, apesar das perdas de vidas e da enfermaria estar sempre lotada, já não ficava tão abarrotada como antes. Parecia que o contágio da peste havia se estabilizado, e ele creditava isso ao maior cuidado que toda a comunidade passou a ter não jogando mais tanto lixo nas ruas.

Sua forma de trabalhar espalhou-se pela região e não demorou muito para que outras comunidades o procurassem.

Estava tratando de um doente na enfermaria, quando um cavalheiro entrou sem ser anunciado, mesmo com Gisele em seu encalço. Parou à porta, olhando para dentro e ignorando a moça.

- Doutor, preciso falar com o senhor com urgência - avisou o homem, que vestia um capuz cobrindo quase toda a sua cabeça.

Henrique olhou espantado para ele e pediu que Gisele terminasse de fazer o curativo.

- Você está enganado, meu senhor, o doutor está em seu horário de descanso, sou apenas seu auxiliar - explicou o jovem.

O homem titubeou por alguns instantes e indagou:

- Você não é o dr. Henrique?

- Eu me chamo Henrique, mas não sou médico. Se o senhor esperar mais um pouco, ele deve chegar logo.

Aquelas palavras deixaram o cavalheiro confuso e, agarrando o braço de Henrique, vociferou.

- Não brinque comigo! O soldado, que está na barricada, me orientou a procurar pelo dr. Henrique!

O rapaz olhou para a mão do cavalheiro e, tirando a máscara, para que ele visse seu rosto, perguntou:

- É a mim mesmo que o senhor procura?

O cavalheiro deu um passo para trás, ao ver um jovem à sua frente. Por alguns instantes ficou sem ação, até Henrique falar:

- Senhor, vamos conversar lá embaixo, estamos atrapalhando o repouso dos pacientes.

Desceram até o andar inferior e Henrique apontou a cadeira para que o cavalheiro se sentasse. Aquele homem alto e forte, ao entender que procurava um jovem, por momentos não soube como agir, mas disse com voz firme:

- Se você é o Henrique e as histórias que tenho ouvido a seu respeito forem verdadeiras, você precisa vir comigo - solicitou o cavalheiro.

- Mas para onde, senhor? - Interpelou o moço, desconcertado. - Não posso deixar o doutor sozinho.

- Você não está entendendo, rapaz. Sua fama chegou até meu reino e disseram que você conseguiu conter essa maldita peste. Agora estou precisando de você lá. O médico que tínhamos, simplesmente, desapareceu, largando a todos.

- Mas, senhor, eu não sou médico. Estou aqui apenas ajudando o dr. Jean - argumentou Henrique, assustado.

- Aqui já tem médico. Essa peste miserável não tem cura, portanto, sendo você médico ou não, não salvará as pessoas. Mas, se sua fama for verdadeira, ao menos fará o que fez aqui, contendo essa praga.

Neste momento o dr. Jean entrou e olhou para os dois homens que se encaravam. Henrique contou rapidamente o que estava acontecendo, até que o médico se pronunciasse.

- Mas de onde o senhor vem, cavalheiro? - Indagou o doutor.

O homem alto e forte tirou o capuz e, olhando para os dois homens, explicou:

- Meu nome é Manoel Mendonça e venho de uma pequena província, localizada nas fronteiras das Montanhas dos Pirineus. Lá a peste está matando muitas pessoas. Ouvimos falar de Henrique e vim buscá-lo para nos ajudar. O médico que cuidava da província foi embora.

- Henrique, meu filho - afirmou o dr. Jean -, graças à sua ajuda, conseguimos conter um pouco o contágio dessa peste infernal. Devemos muito a você, que enfrentou os maiores desafios para nos auxiliar.

Penso que agora você seria mais útil em outro lugar, com todo o conhecimento e experiência que nos trouxe. Outras pessoas necessitam de você, não deve se prender a nós.

Henrique não soube o que dizer. Olhou para o médico, a quem se afeiçoou como a um pai, olhou para Manoel Mendonça e, atônito, viu a irmã sorrindo atrás dele. Compreendeu que seu tempo ali acabara. O pior havia passado e, apesar de sua ajuda continuar sendo importante, poderia ser mais útil em outra localidade.

Esta era sua missão, estar onde precisavam dele, e naquele momento compreendeu que, enquanto aquela peste estivesse se espalhando pelo mundo, ele estaria onde fosse necessário.

Isabel e dona Conceição olharam para Henrique orgulhosas e emocionadas, felizes por fazerem parte do trabalho que o jovem desenvolvia com tanto amor e comprometimento. Permaneceriam ao lado dele, dando-lhe toda a força necessária para que continuasse a se dedicar e a distribuir o amor que tinha no coração.

# CAPÍTULO 23
# Desejo de vingança

O tempo passou, sempre passa. Angelita teve realmente uma linda menina e lhe deu o nome de Samanta. Mas, ao invés de alegria, as dores continuaram. Assim é a vida na Terra.

Inês viajava há vários dias sob o sol escaldante, só parando para descansar à noite. O verão não judiava como o frio, porém, o sol queimava sua pele como brasa, mesmo estando protegida com roupas de manga comprida e com o chapéu que lhe deram na venda antes de partir.

A lembrança de Samanta chorando não lhe saía da cabeça. Agora a sobrinha querida tinha apenas os camponeses para olhar por ela, mas com eles estaria mais protegida do que com a própria tia.

Samanta ainda era criança e não teria contato com sua família consanguínea. Não teve tempo de conhecer a mãe, que morreu algumas semanas após o parto, e agora não se lembraria da tia, que estava partindo sem saber quando poderia retornar.

Inês segurava as rédeas do cavalo com tanto ódio que até sentia dor em seus dedos. O sentimento que tomava conta de seu coração era tão forte, que estava começando a esquecer que um dia tivera motivos para sorrir.

A obsessão de Inês pelo algoz de sua irmã, que agora sabia quem era, estava atraindo Espíritos que se compraziam com os sentimentos dela. Irmãos de outras vidas perseguindo encarnados para que sucumbissem na nova encarnação, que haviam se prontificado a vivenciar.

Angelita deu à luz uma menina, Samanta, e alguns dias depois descobriu que estava com lepra. Imediatamente isolaram a bebê da mãe, e ficaram observando se surgiriam sintomas na criança, mas com alegria verificaram que ela não havia contraído a doença. Inês levou Samanta até a aldeia e pediu para um casal amigo, que sempre as ajudava, que cuidasse da recém-nascida. Em nome da amizade e do respeito que tinham pelo pai delas, aceitaram.

Inês cuidava da irmã, e não demorou muito para aflorar nela os sintomas da temível doença, fragilizando sua saúde já debilitada pela pneumonia, que surgiu no inverno rigoroso. Foram meses de angústia presenciando o sofrimento de Angelita, por não poder ver nem tocar na filha e definhando aos poucos.

Inês se corroía por dentro, pois tinha consciência de que não podia fazer nada para aplacar o sofrimento da irmã. Numa noite de crise e em delírio febril, Angelita vivenciou o terrível momento sofrido no sítio e gritou várias vezes o nome de seu algoz.

No dia seguinte, sem lembrar de nada, Angelita estava um pouco melhor, e por isso foi inquirida por Inês sobre o nome de quem muito a fizera sofrer e que havia transmitido aquela doença a ela. A única informação que conseguiu obter da irmã é que tinha sido alguém em quem confiava e jamais imaginaria que pudesse fazer algo parecido, o que levou Inês a confirmar o nome que a irmã gritava desesperada, durante seu delírio febril.

O tempo foi passando e a fraqueza da irmã foi tanta que ela não resistiu. E, agora, ali estava Inês, voltando para casa para se vingar de Diego, não apenas pela irmã e pela sobrinha, mas por ela mesma, que também havia contraído a terrível doença ao cuidar de Angelita, e doravante não via mais futuro ao lado de Henrique, o único homem que amou.

Mataria Diego e quem se colocasse em seu caminho para impedi-la, nem que fosse a última coisa que fizesse na vida.

O ódio de Inês era tão grande que olhos espirituais veriam quando saiu do alto de sua cabeça uma espécie de névoa negra e espessa, que se espalhou pelo ar, desaparecendo aos poucos. Essa espécie de fumaça era resultado dos sentimentos negativos que alimentava naquele momento e lhe faziam tanto mal.

Espiritualmente, Isabel a observava e tentava intuí-la com palavras de amor, procurando fazer Inês desistir de seus planos, lembrando que não era o que sua irmã gostaria que ela fizesse. Mas Inês, em seu propósito de ódio, estava surda para qualquer tipo de sugestão que fosse contra seus planos.

Isabel suspirou e elevou seus pensamentos a Jesus, pedindo ao nosso Irmão Maior que fizesse aquela jovem, que lhe era muito querida, mudar de ideia para não comprometer o que ainda lhe restava de vida.

## CAPÍTULO 24

# Auxílio em ambos os "lados" da vida

Isabel e dona Conceição deixaram Henrique cuidando dos preparativos da viagem e voltaram para o Posto de Atendimento, no qual trabalhavam para ajudar naquele momento tão difícil que a humanidade atravessava.

Milhares de tarefeiros espirituais foram convidados a colaborar em missões de resgate e auxílio, mesmo nos locais mais insólitos. A responsabilidade de Isabel e de dona Conceição era auxiliar Henrique em sua tarefa. Apesar do recente desenlace de Isabel, ela já vinha se preparando há tempos para aquele momento.

O posto de atendimento estava lotado de Espíritos que chegavam da Terra sem cessar, muitos ainda sem noção de que tinham desencarnado. Outros, inconscientes, eram colocados em câmaras especiais, preparadas para descontaminação dos fluidos que trouxeram do orbe terrestre.

Os que ali estavam recebiam tratamento, atenção e carinho de toda a equipe e ficavam o tempo necessário para se restabelecer e estar preparados para a próxima etapa de sua jornada.

Isabel se encaminhou até a enfermaria, onde um Espírito querido ali repousava.

– Angelita – Isabel sussurrou sorrindo para aquela que foi sua irmã de alma no final de sua caminhada.

Angelita dormia tranquila, com o semblante em paz, como se soubesse que cumprira sua tarefa na Terra. Ali seria bem tratada e, assim que se restabelecesse, poderia voltar para velar pela irmã e pela filha, que deixara na Terra.

Falanges de Espíritos comandados por Maria se preparavam para descer ao orbe terrestre, a fim de consolar os aflitos e acalmar os corações daqueles que continuaram encarnados após a peste.

Isabel lembrou da mãezinha, que veio buscá-la e estava ao seu lado nessa tarefa, e sua alegria ao ver a genitora iluminou profundamente seu coração. Sabia que também chegaria a hora de Angelita amparar os seres que amava, para que pudessem prosseguir na caminhada que jamais cessava.

CAPÍTULO 25

# Remorso e punição

Diego andava de um lado para o outro do acampamento, parecendo ter visto um fantasma. Há dias que uma dor de cabeça terrível não o abandonava. O sentimento de culpa pelo que fizera com Isabel e Angelita começou a lhe pesar.

Depois que voltou do sítio, quando caiu em si sobre a terrível ação que cometeu, chorou em desespero pelo que fizera e sabia que estava perdido de modo irremediável. Matou Isabel, mesmo que por acidente, e fizera um grande mal a Angelita. Isso não custaria pouco para ele. Precisava pensar com calma, mas os Espíritos que o rodeavam o atormentavam cada vez mais, insistindo para que voltasse ao sítio e terminasse o que havia começado.

Para ele, as moças não sairiam de casa nos próximos dias, por medo e vergonha. Ninguém acreditaria nelas, se contassem o que tinha acontecido. Influenciado pelos Espíritos que o acompanhavam e pela bebida, que se tornou constante em sua vida, arquitetou um plano e, na noite do dia seguinte, foi até o sítio para matar as irmãs, mas encontrou o local abandonado.

Em desespero, Diego quebrou tudo o que tinha lá dentro. O estado obsessivo em que se encontrava tinha dominado sua consciência por completo. Ele tinha se tornado um mero escravo dos Espíritos, que riam do que estava ocorrendo.

Diego voltou de suas lembranças e, com a mente embaralhada, socou a cabeça. Agora era considerado um louco pelas pessoas do acampamento, e ninguém se aproximava dele por medo do que podia fazer. Sentou-se no chão e começou a balançar a cabeça para a frente e para trás, sabendo que algo iria acontecer com ele.

- Seu inútil, Inês está voltando. É isso o que está acontecendo. Seu imprestável, não serviu nem para acabar com elas. Agora voltarão para acertar as contas com você - sussurrava um Espírito do mal em seu ouvido.

- Inês... Inês... Inês... - repetia Diego, de modo incessante.

- Conseguimos localizar Inês, mas não sabemos onde está Angelita - avisou o Espírito descontente. - Ela pode atrapalhar meus planos, se voltar. Não quero que ela acabe com ele. Ele tem de enlouquecer aos poucos, devagarinho. A morte é pouco para ele. Todos os que fizeram mal à minha família, terão de pagar!

O Espírito olhava para Diego com satisfação, vendo a destruição que conseguiu promover na mente do homem.

- O primeiro foi você, seu inútil. A próxima será Inês, que permitirá minha presença com todo o ódio que ela carrega por você - riu de maneira desvairada o Espírito.

- Como é fácil acabar com vocês, humanos. Seus ódios, suas mágoas, seus ressentimentos são portas abertas para completar minha vingança! Pode ter certeza, farei tudo para que vocês paguem por isso!

CAPÍTULO 26

# Chegando à nova província

Henrique estava cansado da viagem, seu corpo doía, a garganta ardia e a pele queimava sob o sol implacável. Estavam chegando ao seu destino e, se quisesse voltar para casa, aquele era o momento e o caminho a tomar, mas sabia que não poderia desistir agora. Seu desânimo era resultado apenas do cansaço da viagem e do trabalho ininterrupto.

Conduzir a carroça por vários dias não foi fácil, mas felizmente não estava sozinho. Manoel Mendonça o acompanhava com seu imponente cavalo alazão junto a seus fiéis soldados. Henrique pensou que ele deveria ser alguém importante para ter soldados viajando ao seu lado.

- Henrique, vamos parar por alguns minutos, embaixo daquelas árvores, para comer e descansar um pouco, depois seguiremos até nosso destino. Ao entardecer já estaremos na província - avisou Manoel Mendonça, que parecia bem-disposto.

- Sim, senhor - concordou Henrique, olhando para ele, impressionado com sua altivez e bom ânimo.

Depois de parar e se alimentar, Henrique, já se

sentia um pouco descansado. De um ponto afastado, olhava Manoel Mendonça, que conversava com os soldados, dando ordens que ele não conseguia escutar direito.

Depois de um tempo, dois soldados partiram, e Manoel, percebendo a curiosidade do jovem, aproximou-se e sentou-se ao seu lado.

- Por que olha para mim deste jeito, rapaz? - Questionou o homem, deixando Henrique constrangido.

- É que estamos viajando há vários dias e não o percebo cansado da viagem - respondeu. O homem riu de suas palavras, o que tornou sua fisionomia mais suave.

- Viajei muito por estas paragens e já lutei bastante pelo meu povo. O cansaço nunca me venceu e não é agora que me vencerá, justamente quando meu povo mais precisa de mim - percebeu o olhar interessado de Henrique, que nada disse.

- Você quer fazer alguma pergunta? - Indagou Manoel Mendonça.

- O senhor é um rei? - Falou o rapaz, envergonhado de sua curiosidade.

- Rei é meu pai. É ele quem toma conta de todos nós! - Esclareceu Manoel, e uma sombra pareceu passar por ele. - Moramos num castelo e nossa província é pequena. Não sei como a peste chegou até nós. Vivemos do que é plantado no campo e vendemos o que produzimos. Os mercadores vêm até aqui para comprar nossos produtos. Os camponeses vivem disso, mas muitos morreram. Essa peste maldita leva as pessoas de um dia para o outro. Tivemos de fechar os portões do castelo. Ninguém entra nem sai da província, enquanto não descobrirmos o que está acontecendo - detalhou.

Henrique ficou estarrecido com as palavras do príncipe. Ele sabia que muitas famílias ficavam em isolamento nas casas, mas não tinha notícia de que alguém tivesse fechado uma região para conter a peste.

- Agora precisamos ir. Meus soldados foram na frente para preparar nossa chegada - afirmou Manoel Mendonça. E partiram para a última etapa da viagem.

CAPÍTULO 27

# Isolamento completo

Ao longe Henrique conseguia ver o castelo, que parecia imponente e sombrio. Era rodeado por enormes pedras. De onde estavam, não dava para ver sua extensão, mas com certeza era bastante grande.

Conforme se aproximavam, era possível notar a mesma situação de Proença, com animais mortos pela estrada. Olhou para Manoel e viu seu semblante entristecido. Dava para perceber o quanto aquilo o fazia sofrer.

Seguiram em silêncio. Numa curva se depararam com um vilarejo, que de início parecia deserto. Ali não havia mortos nas ruas, e aquilo deixou Henrique intrigado. Mais tarde perguntaria a Manoel como conseguiram evitar que a situação ocorresse.

Mais adiante passaram por uma pequena aldeia, onde Henrique percebeu que algumas casas estavam fechadas com madeiras do lado de fora, tanto na porta como nas janelas. O jovem franziu a testa, ao entender o que aquilo significava, e virou a cabeça rapidamente em direção ao príncipe, como que pedindo uma explicação.

Manoel Mendonça seguia ereto em seu cavalo e não olhava para os lados. Continuava com toda a sua majestosa altivez e seu semblante impassível. Uma dor rasgou as entranhas de Henrique ao compreender que pessoas foram presas naquelas casas sem ter a menor chance de ser ajudadas. Um soluço saiu da sua garganta por perceber o motivo de ali não haver imperado o caos, e se perguntou o que mais viria pela frente.

Seguiram em silêncio até chegar às proximidades do castelo, quando ouviram um soldado gritando para abrir o portão, o que foi feito lentamente. Eles entraram no que parecia outro vilarejo, com a diferença de que, nele, as pessoas andavam livremente.

Henrique não parava de se surpreender, mas não fez mais nenhuma pergunta. Deixaria para conversar com o príncipe mais tarde.

Pararam em frente a uma grande porta e foram recebidos por um serviçal, que lhes deu boas-vindas e sussurrou algo no ouvido de Manoel Mendonça.

- Henrique, Pedro o levará até seu quarto e mais tarde o trará até mim para conversarmos - avisou Manoel e saiu rápido em outra direção.

O castelo era enorme e, conforme seguia o serviçal, Henrique observava tudo à sua volta, impressionado com tanto luxo. Nem no mosteiro vira algo parecido. Contudo, seu quarto era simples, o que fez Henrique se sentir mais à vontade.

Percebeu que as pessoas por ali falavam muito pouco e que nem Pedro lhe dirigiu a palavra. Henrique não se importou, o cansaço era tanto que só queria dormir. Depois que Pedro foi embora, jogou-se na cama e em poucos minutos caiu no sono.

CAPÍTULO 28

# Enfrentando o príncipe

Quando Henrique acordou, o sol da manhã já entrava pela janela, e ele percebeu que tinha dormido a noite toda. Ninguém viera buscá-lo e conseguiu refazer as energias do cansaço da viagem. Reparou também que as trouxas de roupas e objetos, que estavam na carroça, foram deixadas em seu quarto.

Pensando em sua chegada à província, com dor no coração, lembrou-se das casas fechadas. Nesse momento alguém bateu à porta e entrou sem ser convidado. Era Pedro, que viera buscá-lo para o café da manhã na companhia do príncipe.

Seguiram pelo mesmo caminho da chegada, mas entraram numa das primeiras portas do corredor.

Manoel Mendonça, sentado na ponta de imensa mesa, estava sendo servido, quando percebeu a presença de Henrique.

- Venha, rapaz, sente-se ao meu lado - convidou Manoel.

Mesmo se sentindo envergonhado, Henrique obedeceu e começou a se servir. Por alguns instantes comeram em silêncio, cada um envolto em seus próprios pensamentos.

- Meu pai está isolado em seus aposentos - informou Manoel, sem expressão. - Ele pegou essa maldita peste e infelizmente não sobreviverá.

- Sinto muito, senhor - lamentou Henrique. - Farei o que estiver ao meu alcance para cuidar dele.

- Meu pai está sendo bem cuidado - disse. - Não foi para isso que eu o trouxe aqui.

Henrique olhou surpreso para o príncipe e aguardou que ele continuasse.

- Você reparou que as casas do vilarejo estavam fechadas? - Questionou o príncipe. Henrique acenou com a cabeça, concordando. E Manoel continuou: - Tivemos de fazer isso para que a peste não contaminasse a todos nós. Todas as casas da aldeia próxima ao castelo estão fechadas.

Manoel silenciou e Henrique pela primeira vez viu o queixo do príncipe tremer de emoção. Logo em seguida ele voltou à altivez de sempre.

- Eu trouxe você aqui para salvar o máximo de vidas que puder - declarou.

Henrique olhou para Manoel sem saber o que dizer e os dois ficaram em silêncio.

- Há quanto tempo aquelas pessoas estão lá? Todos estão doentes? - Indagou Henrique, vendo Manoel engolir a seco. Isso foi o suficiente para Henrique lhe dizer com coragem:

- Você me trouxe aqui para tratar doentes ou enterrar mortos? - Perguntou o rapaz com a coragem de sua juventude, sem se importar com as consequências de suas palavras.

- Eu trouxe você aqui para evitar que mais pessoas morram - respondeu Manoel, fazendo Henrique perceber sua dureza caindo por terra e a sua fragilidade. - E para conter essa maldita peste - completou.

- Você está me contando tudo, príncipe? Se quiser que eu o ajude, precisa me falar toda a verdade.

Henrique nem parecia aquele jovem inseguro, que deixou para trás as pessoas que amava para lutar por uma causa.

- Este pequeno agrupamento de casas é para as pessoas que trabalham no castelo. Mais abaixo, ao leste, há outro vilarejo, onde mora a comunidade da província. Lá, pelo caminho que passamos ao chegar, a doença não está poupando quase ninguém - explicou Manoel.

- Você se isolou do resto de seu povo, fechou seu castelo para que ninguém entre ou saia, não quer que mais pessoas morram e não se importa com aquelas pessoas que estão morrendo lá embaixo? - Inquiriu Henrique, nervoso. - Que tipo de homem é você?

Manoel olhou para aquele rapaz que o enfrentava, e sabia que ele tinha razão. Mas não diria a ele que todas as decisões foram tomadas por seu pai.

- Não importa que tipo de homem eu sou, quero que você salve o máximo de pessoas que puder nesta província - ordenou o príncipe.

Henrique se levantou e começou a andar de um lado para o outro. Sua calma de sempre parecia ter sumido. Precisava de tempo para pensar. O que estava vendo naquele lugar era desumano. Depois de muito refletir disse:

- Muito bem, Manoel Mendonça, você perdeu seu precioso tempo para me buscar de muito longe e me trouxe aqui para cuidar do seu povo e é o que farei. Porém, se quiser que eu fique, terá de mudar a forma de agir e não poderá mais deixar pessoas doentes presas em suas casas sem os devidos cuidados. Elas precisam ser acolhidas com respeito e humanidade, em seu momento de dor e em seu leito de morte. Elas não devem ser tratadas com tirania. - Henrique silenciou, esperando uma resposta do príncipe, que apenas acenou a cabeça concordando.

- Reparei também que as casas próximas ao castelo não são tão sujas quanto as da província, em Proença.

Henrique ainda andava de um lado para o outro, como se falasse sozinho. Manoel acompanhava seus movimentos calado, só prestando atenção em suas palavras.

- Eu trouxe materiais e vestimentas suficientes para começarmos o trabalho e, se precisarmos, faremos mais. Contudo, necessitarei de ajuda para cuidar dos doentes do vilarejo lá de baixo. Fora seu pai, há mais doentes por aqui? - Interpelou Henrique. Manoel negou.

- Muito bem, então faremos uma rápida vistoria e limpeza na aldeia, para que sirva de enfermaria aos pacientes que trouxermos do vilarejo. Alguma dúvida? - Henrique parou de andar e perguntou ao príncipe, que respondeu:

- Nenhuma, porém, na extensão de minhas terras,

ninguém entra e ninguém sai, nem você.

- Não vim até aqui para ser protegido - afirmou Henrique. - Eu preciso de pessoas para me ajudar. Você vai providenciar isso?

Manoel levantou-se da cadeira e se aproximou do rapaz, dizendo:

- Providenciarei. Pelo que você conseguir fazer para salvar vidas e acabar com essa peste, serei eternamente grato.

- Não me agradeça, não tenho o poder de salvar vidas, mas posso fazer o que estiver ao meu alcance para que essa doença não se alastre mais - declarou o jovem, decidido. - Porém, enquanto eu estiver por aqui, ninguém, absolutamente ninguém, deve ser deixado para trás, não importa quão grave esteja. Todos serão respeitados e tratados com a mesma atenção. Tomaremos todos os cuidados necessários para que as pessoas saudáveis não sejam contaminadas. Não devemos subestimar a peste, mas não podemos deixar ninguém à deriva.

CAPÍTULO 29

# Tarefa árdua e dolorosa

As madeiras das janelas e portas das casas estavam bem presas e Henrique precisou da ajuda de alguns homens para abri-las. O cheiro nauseabundo que vinha de dentro era insuportável, e, como Henrique previra, estavam todos mortos. Crianças, idosos e mulheres não foram poupados da terrível peste, que não escolhia suas vítimas.

Henrique não parou para se lamentar. Depois de preparar as valas, junto com os outros homens, os corpos foram colocados dentro delas para ser enterrados.

Os homens estavam com roupas que os cobriam até a cabeça, incluindo as máscaras de bico de pássaro. Todos foram instruídos por Henrique sobre a melhor forma de levar os corpos até as valas, sem que fossem tocados diretamente.

Foram horas de sofrimento para todos, mas não podiam deixar os cadáveres expostos. Depois que os mortos foram colocados nas valas, e já que não havia nenhum padre no castelo, Henrique fez uma oração em respeito às vítimas daquela terrível enfermidade, as quais em seguida foram sepultadas.

Escolheram uma das casas maiores como enfermaria, a única que foi encontrada aberta e sem corpos. Do castelo, trouxeram alguns móveis para servir de macas aos pacientes que seriam transferidos do vilarejo.

Henrique andou pelas redondezas e encontrou várias plantas, que poderia utilizar para a infusão dos chás e unguentos no tratamento dos doentes.

Agora era chegado o momento de realizar uma expedição até o vilarejo para ver como estava a situação por lá, mas antes ele precisava de um tempo para recarregar as energias, pois não tinha sido fácil fazer aquele trabalho de remoção dos corpos. Em pensamento, Henrique fez um pedido a Deus:

– Que o Criador não permita que eu tenha de passar por isso novamente – implorou o rapaz.

Liberou os homens para voltarem ao castelo e ficou sozinho na enfermaria recém-preparada. Sentou-se numa das camas improvisadas e chorou. Chorou por todas aquelas famílias que partiram de forma tão trágica. Chorou por não poder salvá-las e por não saber se encontraria situação parecida em todos os lugares por onde passasse.

Seu coração ficava apertado de dor por todos, e, sem se conter, soluçou, quando sentiu uma mão sobre seu ombro. Voltando os olhos para cima, viu Isabel ao lado de linda mulher, que sabia ser sua mãe. Parou de chorar, contemplando confuso uma e a outra, e sussurrou:

– Isabel? Mãe? – Henrique fechou os olhos, os esfregou e, ao abri-los, continuava vendo ambas à sua frente. - Estou delirando?

- Não, meu irmão - respondeu Isabel com todo o carinho e sorrindo. - Você está bem lúcido.

- Mas como estou vendo você? - O rapaz olhou para a mãe, murmurando: - Mamãe?

A mulher, ao lado de Isabel, apenas sorriu para ele com muito amor.

- Você está morta, Isabel? - Indagou Henrique, ainda meio perdido.

- A morte não existe, meu irmão. Como poderia estar aqui com você, se assim fosse? - Declarou a moça, com um sorriso.

Isabel colocou as mãos sobre a cabeça de Henrique, e uma luz intensa saía de sua mão, entrando no corpo do rapaz. Henrique fechou os olhos, sentindo um calor gostoso envolvendo-o por completo.

Era inexplicável o que ele estava experimentando naquele momento. Seu corpo parecia estar flutuando. E ao longe ouviu a voz de sua mãe.

- Todas as vezes que se sentir fragilizado, impotente, tenha certeza de que estaremos com você, cuidando de todos os doentes e os amparando. Estaremos juntos em todos os momentos, mesmo os mais difíceis. Confie sempre na Providência Divina, que olha por nós e acolhe todos os aflitos e enfermos. Nenhuma alma está desamparada e aqui estamos para ajudá-lo em seu esforço contínuo e amoroso de auxiliar aos que sofrem.

A voz da mãe era como um suave bálsamo, que

entrava fundo em sua mente e em seu coração. Quando abriu os olhos, elas não estavam mais lá.

Num primeiro momento, se sentiu solitário e perdido, mas depois lembrou-se das palavras da mãe e de tudo o que tinha sentido naquele instante. Lágrimas caíram de seus olhos, desta vez, de pura alegria e gratidão.

CAPÍTULO 30

# Sofrimento atroz

Juliana acordou com o barulho da rua. Seus pais tinham ido trabalhar na lavoura pela última vez. Com a chegada da peste, o rei exigiu que todos ficassem em casa, mas permitiu que os colonos levassem para o lar o que conseguissem, para se alimentar nos próximos dias.

Por ordem do rei, os portões do castelo estavam fechados, ninguém entrava ou saía, e com isso o vilarejo ficou vulnerável, já que toda a ajuda vinha do castelo.

Juliana se vestiu rapidamente e abriu a janela para dar uma olhada no que acontecia lá fora. Viu um grupo de pessoas discutindo por algo que parecia um saco de farinha. Dois homens desembainhavam suas espadas e se enfrentavam para resolver quem ficaria com o tão disputado alimento.

Olhando ao redor também viu pessoas com panos em volta do rosto, tentando se proteger da peste. Havia pessoas caídas no chão, as quais Juliana não sabia se estavam mortas ou desmaiadas.

Ao ver sua mãe ao longe, chegando correndo, Juliana fechou a janela e foi abrir a porta para ela. A mãe entrou rápido, trancou a porta, onde se encostou, respirando pesadamente, tentando se acalmar.

- O que aconteceu, mamãe? - Questionou a jovem.

- Juliana, você precisa me prometer que não abrirá essa porta para ninguém. Está me ouvindo? - Avisou a mãe, segurando a filha pelos ombros.

- Mamãe, você está me machucando! - Reclamou.

- Desculpe-me, filha. Estou nervosa! Quero que me prometa que não vai abrir a porta para ninguém, mesmo que seja um conhecido - insistiu.

- Tudo bem, eu prometo - afirmou Juliana, e a mãe afrouxou a pressão em seu ombro. - Cadê o papai?

- Seu pai não vai voltar mais - disse a mulher, que parecia angustiada. - Ele está morto.

Morgana não sabia como contar para a filha o que estava acontecendo. Juliana não conseguiria entender.

Ao receber a notícia de forma tão abrupta, um nó se formou na garganta da jovem, mas procurou ser forte na frente da mãe. Algo grave estava acontecendo e sua mãe não queria que ela soubesse.

- Quem o matou, mamãe? - Inquiriu Juliana.

- Filha, é muito complicado... - Morgana suspirou.

- Mamãe, já tenho quase catorze anos e agora somos apenas nós duas. Não me trate como criança, por favor! - Pediu.

Morgana olhou surpresa para a filha, com suas palavras tão sensatas, e explicou:

- Sente-se, Juliana - disse Morgana, que se sentou também. - Com a chegada da peste, o isolamento que o rei nos impôs, sem nos dar o suporte devido, e a falta de alimentos, as pessoas ficaram com medo e passaram a agir de forma estranha. Alguns começaram a saquear mantimentos, e quem se recusava a dar era ameaçado ou morto. Foi o que aconteceu com seu pai.

Juliana foi até a janela e, ao abri-la, percebeu que não havia mais o tumulto que vira antes, e agora compreendia do que se tratava. Viu mais corpos caídos na rua, um deles era de quem, minutos antes, brigava pelo saco de alimento. As pessoas não estavam apenas lutando contra a peste, combatiam-se umas contra as outras, sem se preocupar com seu semelhante.

# CAPÍTULO 31
# Em busca de revide

Inês estava limpando a casa, que há muito não recebia o calor humano de uma família. Teias de aranha grudavam nas paredes e as ervas daninhas teimavam em entrar pelas portas e janelas.

A jovem olhava tudo aquilo com o coração endurecido, e, enquanto observava aquela destruição, pensava numa forma de acabar com o homem que havia arruinado sua irmã.

Havia chegado no sítio há alguns dias, e aos poucos estava tornando o local habitável. As manchas na pele estavam ocultas pela roupa, impedindo que fossem vistas, o que lhe daria tempo de fazer o que pretendia.

Depois de limpar a casa, saiu para o celeiro, preparando a carroça para uma visita ao vilarejo. Iria até o tabelião ver como estava sua situação financeira e também da casa.

Bem pouca coisa havia mudado em sua ausência. O acampamento dos leprosos continuava no mesmo lugar, e, ao se aproximar do vilarejo, não viu as pessoas pelas ruas como antes. Aquilo a intrigou, mas se dirigiu diretamente para o tabelião. Descobriu que as coisas continuavam da forma como tinham deixado antes de partir. Inês fez algumas alterações no testamento e retirou uma boa quantia em dinheiro com o tabelião, que também fazia as vezes de banqueiro.

Caminhava até o armazém para comprar alguns mantimentos, quando uma acalorada conversa lhe chamou a atenção. Na frente do estabelecimento, alguns homens conversavam e pareciam nervosos. Já estava entrando no armazém, quando alguém a segurou pelo braço e disse:

- Ora, se não é a filha mais nova do mercador! - Exclamou um dos homens.

Inês puxou o braço, com certa violência e a fisionomia fechada, e olhando para o homem, ordenou, pausada e friamente:

- Não toque em mim.

Os homens ficaram admirados com a reação da moça, pois lembravam dela como uma jovem tímida, mas não agressiva.

- Você mudou muito, menina. Não importa! Você veio do sítio? - Questionou o homem que a tocou, e Inês acenou com a cabeça de modo afirmativo. - Os leprosos estão acampados em algum lugar por lá?

- Por que você quer saber? - Indagou a moça.

- Por onde você anda? - Interpelou outro homem. - Não está sabendo da peste que está matando todo mundo? E a culpa dessa desgraça é desses leprosos malditos.

- Por que é culpa deles? - Retrucou Inês, curiosa.

- Quem mais iria trazer o fim dos tempos para acabar com a humanidade? - O homem explicou para ela o que estava acontecendo em muitas províncias.

Inês acenou a cabeça não acreditando no que ouvia e virou-se para entrar no armazém. E, refletindo sobre o que o homem havia dito, pensou: - Os doentes do acampamento não eram os responsáveis pela peste, já que os sintomas da doença eram diferentes, então ela não discutiria com aqueles fanáticos.

Parou na porta e, voltando o olhar para eles, inquiriu:

- O que vocês pretendem fazer, se descobrirem onde é o acampamento dos leprosos?

- Acabar com eles, é claro - declarou um dos homens. - Não queremos que a peste chegue até nosso vilarejo.

Inês não se deu ao trabalho de responder, entrou e comprou alguns mantimentos para abastecer a casa e em seguida partiu, sem voltar a olhar para eles.

## CAPÍTULO 32

# De frente com o assassino

Parando perto da cerca que levaria ao acampamento, Inês fixou o olhar para baixo, lembrando da época em que ia com Henrique cuidar dos doentes. De onde estava dava para ver algumas poucas barracas montadas, bem menos do que antes. Aquela era uma doença cruel, que isolava as pessoas de seus entes queridos.

Um homem a olhava, acenou, e Inês reconheceu Diego. Ao vê-lo, a jovem sentiu-se desfalecer e um mal-estar tomou-lhe o corpo, que se enrijeceu. Sua vontade era sair correndo para nunca mais voltar. Um pavor descomunal a dominava, quando se lembrou do motivo de estar ali, e seu ódio aflorou.

Inês levantou o braço, acenou para ele e desceu devagar a caminho do acampamento. Era chegado o momento do confronto. Se não o fizesse agora, ele iria atrás dela no sítio.

- Como vai, Diego? - Perguntou com frieza.

- Inês, é você mesma? - Disse Diego, sorrindo. - Eu não sabia que vocês tinham voltado - comentou o homem, olhando por trás da jovem. - Como estão

Angelita e Isabel?

O cinismo do homem era impressionante, e a vontade de Inês era de pegá-lo pela garganta e matá-lo aos poucos.

- Elas estão mortas. Você não soube, Diego? - Inquiriu Inês, olhando atentamente para ele. - Foram atacadas por alguém que invadiu nossa casa.

Diego pareceu chocado com as palavras da jovem e falou:

- Sinto muito, Inês, eu não sabia - lamentou, triste. - Por que você não nos chamou?

- Eu não podia fazer isso, Diego, senão descobririam onde ficava o acampamento. - Inês analisava a fisionomia do homem. - Pedi auxílio no vilarejo, eles me ajudaram em tudo, e acabei partindo.

- Não entendo. E por que só agora você voltou? - Interrogou Diego, curioso, e a solidariedade pela morte das moças já não existia mais.

- Já sou maior, preciso retomar minha vida e minha propriedade - explicou Inês.

Diego pareceu se satisfazer com a resposta da moça.

- Mas uma jovem, como você, não pode morar naquela casa sozinha.

- Não se preocupe, Diego. Eu sei onde meu pai guardava as armas dele. Coisa que minha irmã não sabia, senão ela estaria viva hoje.

Pela primeira vez Inês viu o homem ficar sem ação, mas ele disfarçou com rapidez.

- Vejo que tem poucas barracas agora - comentou

Inês, olhando em volta.

- Uma infecção matou alguns, agora somos poucos - justificou Diego.

A moça já estava se afastando, quando, lembrando-se, de algo disse:

- Ah, Diego, vou vender o sítio. Ficar aqui me traz lembranças ruins.

Com essas palavras, Inês se afastou, sabendo que havia mexido com o homem. Se ela vendesse o sítio, o próximo proprietário poderia descobrir o acampamento, e Diego e seus amigos ficariam sem um lar.

Inês sabia que, a partir de agora, precisava se proteger de Diego, pois ele tentaria matá-la também, mas isso não aconteceria antes de ela dar um fim nele. Diego estava com os dias contados, e a jovem já sabia como acabar com ele.

O Espírito que acompanhava Diego começou a assediar Inês, incentivando-a a concluir seus planos de acabar com ele. Com todo o seu ódio, a jovem aos poucos fechava as portas para os amigos espirituais, que tentavam demovê-la de cometer aquele ato pelo qual poderia se arrepender enquanto existisse.

# CAPÍTULO 33
# Colhendo o que semeou

Inês acordou, no meio da noite, com um cheiro de fumaça que vinha de fora. Com todo o cuidado, pegou a arma do pai, que guardava ao lado da cama, e abriu a janela, vendo ao longe um imenso incêndio que parecia vir do acampamento dos leprosos.

Um sinal de alerta passou por sua mente ao entender o que tinha acontecido, e pela primeira vez um sentimento de remorso tomou conta de seu coração. Durante a semana tinha pensado em voltar ao armazém e contar para os homens onde ficava o acampamento, mas não teve coragem.

Sentiu um nó na garganta, ao imaginar que o acampamento fora incendiado de madrugada e que as pessoas que ali estavam poderiam ter morrido dormindo. Apesar de não ter sido a culpada por aquelas mortes, não conseguia chorar por elas, por isso, o seu remorso. Seu coração estava frio e insensível, mesmo sabendo que aquelas pessoas não tiveram culpa pela morte da irmã e de Isabel. Só conseguia pensar que Diego deveria estar morto, e aquilo lhe dava um sentimento de vingança por fazer justiça, que só confirmaria no dia seguinte.

Voltou para a cama, como se nada tivesse acontecido, cerrou os olhos e dormiu. Isabel, que a observava com olhar triste, vibrava por ela, para que um dia conseguisse tirar aquele ódio do coração.

Tossindo, Diego levantou em desespero. Não conseguia respirar, e a primeira coisa que fez, ao entender que sua barraca estava pegando fogo, foi avisar a todos para escaparem dali.

Em choque olhou ao redor para entender o que estava acontecendo. Via pessoas correndo de um lado para o outro, alguns em estado lastimável. Ele ficou parado, sem saber o que fazer, quando ouviu risadas ao longe e viu um grupo de homens se divertindo, enquanto observavam o acampamento pegar fogo. Sem pensar no que fazia, Diego deu um grito, que pareceu sair de suas entranhas, correu até um dos homens, pegou-o pelo pescoço e o derrubou.

Enquanto enforcava o homem, Diego sentiu um impacto forte na cabeça e algo molhado escorreu de sua testa. Assustado, se levantou, saiu correndo e se infiltrou no meio do mato.

Correu o mais longe que conseguiu no meio da escuridão, até não ver mais o fogo iluminar a mata. Quando não aguentava mais correr, se jogou no chão e ali ficou. Não soube quanto tempo permaneceu naquele lugar sem nada ver ou sentir, quando, de repente, alguém o puxou pela mão e o arrastou pelo meio do mato. Diego gritava de dor e acabou desfalecendo.

Quando acordou novamente, só via a escuridão à

sua volta e sentia um cheiro insuportável penetrando em suas narinas. Não conseguir ver nem ouvir nada estava deixando-o louco. Começou a socar a cabeça com as mãos para ver se era capaz de entender o que se passava com ele, quando um riso tenebroso chamou sua atenção.

- Quem está aí? - Perguntou Diego. - O que você quer de mim?

De novo o riso se fez ouvir, desta vez fazendo Diego se assustar, mas, em seguida, o silêncio continuou. E assim foram passando as horas e os dias sem que Diego soubesse onde e por que estava ali, sem ninguém vir vê-lo ou tirá-lo daquele local. Só sabia que o tempo tinha parado para ele e apenas conseguia lembrar-se do incêndio, que estava se tornando um borrão em sua memória, e nas duas mulheres que matara. Elas, sim, estavam bem vivas em sua mente. A cada momento, o que fizera a elas era revivido como num filme, e aquilo estava acabando com ele, fazendo-o perder aos poucos a lucidez que lhe restava.

CAPÍTULO 34

# Missão incessante

O que Henrique viu acontecer em Proença se repetiu naquele vilarejo, com menos mortes e doentes.

Aquele fenômeno chamou muito a atenção de Henrique. Se a peste era tão destrutiva quanto todos diziam, por que não atingia todos os lugares em igual proporção? Apesar de a quantidade de habitantes ser menor ali, era para ter muito mais mortes.

Muitas pessoas do vilarejo estavam saudáveis, porém, obviamente, corriam o risco de se contagiar, então Henrique teve de pedir que evitassem sair de casa.

Muitos lares estavam vazios, já que os moradores tinham abandonado suas famílias ao perceberem a gravidade da doença. Deixaram para trás pais e mães largados à própria sorte, e isso não acontecia apenas naquele vilarejo, mas por todos os lugares onde a peste fizera vítimas.

As pessoas pareciam ter enlouquecido mundo afora por causa da doença. As notícias que chegavam da Europa eram de que milhões de pessoas estavam morrendo e que todos culpavam os judeus e os leprosos por isso.

Henrique não acreditava nessa teoria e, por gozar de certa influência junto ao príncipe, não permitiu que aquela insanidade chegasse ali. Não conhecia qual a causa daquela terrível enfermidade, mas, por ter convivido alguns anos com os leprosos, compreendia que eles não eram os responsáveis.

Permanecia preocupado sobre como estavam vivendo todos no acampamento na Montanha dos Pirineus, sobretudo as mulheres. Deixou aqueles a quem amava para ajudar o próximo, mas não tinha noção de como os que ficaram por lá estavam lidando com a peste. Procurava não pensar nisso para não atrapalhar seu trabalho. Não conseguiria cuidar dos doentes e dos pensamentos negativos que poderiam envolver sua mente.

Com a ajuda de Manoel Mendonça e dos camponeses, estava conseguindo conter a proliferação da moléstia. A limpeza das ruas fazia com que menos pessoas ficassem doentes, diminuindo o número de mortes.

Numa das visitas que fez ao vilarejo, Henrique se assustou, ao ver que as pessoas não haviam seguido suas orientações e não estavam se protegendo. Andavam pelas ruas sujas como se a peste tivesse acabado.

Enquanto passava vagarosamente por uma das ruelas, a determinada altura, Henrique ouviu um choro alto. Desceu da carroça e parou na frente de uma casa, que estava com as janelas fechadas, e percebeu que o lamento vinha de lá.

Bateu na porta e o som parou de repente, mas ninguém atendeu. O rapaz já estava desistindo de esperar, quando uma pequena fresta da porta foi aberta e apareceu o rosto de uma jovem.

- Está tudo bem? - Questionou Henrique, que, lembrando-se de que estava com a máscara de bico de pássaro, tirou-a rapidamente, e falou, sorrindo: - Posso ajudar?

A jovem olhava desconfiada para ele, mas não abriu a porta nem respondeu.

- Posso falar com sua mãe? - Insistiu o rapaz.

- Minha mãe não está - avisou a jovem e fechou a porta.

Henrique ficou preocupado, sem saber o que tinha acontecido com a mãe dela.

- Tudo bem. Só me diga se você está doente ou se está precisando de alguma coisa - persistiu.

Depois de alguns instantes, a porta se abriu outra vez.

- Estou com fome. Minha mãe saiu para buscar comida e não voltou mais.

Henrique se comoveu com a situação da jovem, imaginando que algo de ruim tinha acontecido com sua mãe.

- Como você se chama? Meu nome é Henrique - falou, apresentando-se adequadamente para a jovem.

- Meu nome é Juliana...

- Muito bem, Juliana. Vou buscar comida para você e tentaremos descobrir o que aconteceu com sua mãe. Evite sair às ruas. Está bem? - Orientou o rapaz.

Juliana apenas acenou a cabeça, concordando, e viu aquele estranho ir embora, acreditando que ele não voltaria.

CAPÍTULO 35

# Trabalho com bom humor

Henrique entrou na enfermaria e rapidamente seguiu para a sala ao lado, ao ouvir um grito.

– Eu não vou me limpar, ninguém vai me obrigar a isso! – Esbravejava um homem alto, que estava em pé, na frente da moça de estatura baixa, que, com as mãos na cintura, olhava para ele muito séria.

– Para você nos ajudar precisa estar limpo – afirmou ela, resoluta. – Como vai cuidar dos pacientes se estiver sujo?

Da porta, Henrique observava toda a discussão com vontade de rir, mas, entendendo a seriedade do momento, pigarreou.

– Até que enfim você chegou, Henrique – disse a moça, aliviada. – Este homem foi enviado pelo príncipe Manoel para nos ajudar com os doentes, mas se recusa a tomar um banho. Olhe para as mãos dele... Como poderá cuidar dos doentes estando assim? Vai acabar matando-os mais rápido!

Henrique se aproximou de ambos e, com expressão séria, explicou com voz mansa:

– Dolores tem razão, meu amigo, este local é uma

enfermaria. Sua ajuda é de grande importância para nós, mas você não poderá tocar nos pacientes, se não estiver com as mãos lavadas e de roupas limpas.

– Mas ela não falou que era para lavar as mãos, se tivesse dito, eu teria lavado. – O homem alto pareceu sorrir em meio às falhas dos dentes.

Voltando a pôr as mãos na cintura, Dolores já estava prestes a dizer algo, quando Henrique tornou a dizer:

– Acontece que, se você somente lavar as mãos e depois tocá-las nas roupas ou em outro lugar que esteja sujo, vai contaminá-las da mesma forma. É por isso que Dolores pediu para você vir limpo, para não correr o risco de tocar em nada que esteja contaminado.

O homem olhou para as próprias mãos e, em seguida, para o próprio corpo e silenciou, nada contente. Ele nem se lembrava quando fora a última vez que tinha tomado um banho.

– Mas, se você achar que não está preparado para isso, meu bom homem, nós não o forçaremos de forma alguma. O príncipe vai compreender e nos enviará outro ajudante.

– Eu vou tomar um banho e colocar essas malditas roupas limpas – retrucou o homem, a contragosto, ao ouvir as últimas palavras de Henrique. – Não quero contrariar as ordens do príncipe.

Sem mais comentários, saiu batendo forte os pés e nem se despediu. Henrique, que estivera se contendo até aquele momento, começou a rir. Dolores olhou surpresa para ele, pois era a primeira vez que o via sorrindo, desde que trabalhava ao lado dele.

- Porque me olha assim, Dolores? - Indagou.

- É que eu nunca o vi rindo - disse a moça, baixando os olhos.

- Você se surpreende por me ver sorrir.... Acredita que, por vivenciarmos tanta desgraça e mortes, eu não posso sorrir? - Questionou Henrique, com mais um sorriso.

- As doenças e as mortes nos endurecem o coração, mas não podemos permitir que isso aconteça conosco - justificou o rapaz.

- É triste ver tanta dor e sofrimento, todavia, ao mesmo tempo, necessitamos confortar os que ficam, então temos de aprender a vivenciar os momentos difíceis com respeito, lembrando sempre que os aflitos esperam por nosso apoio e carinho, assim como também precisamos desse conforto. Senão sucumbiremos sem condições de ajudar de verdade.

- Você tem razão, amigo - concordou Dolores, sorrindo também. - Tem visto Juliana? - Perguntou ao rapaz.

- Infelizmente não. Você sabe que as coisas têm estado agitadas por aqui e, desde que ela passou a morar com você, fiquei mais tranquilo - comentou o rapaz. - Nem acredito que o fato de eu pedir sua ajuda fizesse com que vocês se aproximassem.

- É verdade, nos identificamos muito uma com a outra e, até ela decidir o que fazer daqui para a frente, vai morar comigo. E, se resolver ficar na minha casa em definitivo, será bem-vinda.

- Dolores, você não existe! Sou extremamente grato pelo carinho que todos me dedicam. Tenho aprendido muito com você, que me lembra minha querida irmã. Sua bondade e sua boa vontade têm feito a diferença para este povo e, se me permitir, gostaria de compartilhar como você alguns segredinhos que minha irmã me ensinou e que têm sido muito úteis no tratamento dos doentes. São chás feitos de plantas naturais, que você já deve ter visto eu dar para os pacientes.

– Claro, Henrique! Para mim será um prazer aprender com você, para ajudar mais este meu povo sofrido – concordou Dolores, feliz.

CAPÍTULO 36

# O poder da fé e da cura

As dores fortes começaram sem que Manoel Mendonça percebesse. Após alguns dias acampado distante da província, em busca de recursos que ajudasse seu povo a se alimentar, distraiu-se em relação à sua saúde, e agora a febre tomava conta dele.

Não permitiu que nenhum dos soldados entrasse em sua tenda, apenas ordenou que um deles levasse uma mensagem à princesa Dolores.

O soldado demorou alguns dias para chegar e encontrou a princesa cuidando de um dos doentes na enfermaria, enquanto Henrique tinha ido até o vilarejo. O militar desceu apressado do cavalo e, falando rapidamente algumas palavras, que Dolores quase não entendeu, entregou-lhe a mensagem do irmão.

– O que terá acontecido com meu irmão? – Perguntou, aflita, lendo a mensagem.

Na mensagem Manoel relatava que estava doente, mas não queria que ninguém fosse até ele, apenas dava algumas instruções a Dolores, para que assumisse o trono em seu lugar.

Aquilo parecia irreal para Dolores, que não sabia

o que fazer, mas pediu ao militar:

– Vá ao vilarejo buscar Henrique.

O soldado imediatamente seguiu suas instruções, enquanto a princesa terminava de tratar alguns pacientes. Algumas lágrimas caíam de seus olhos sem que ela pudesse se conter. Sem que percebesse, Isabel se aproximou dela e, colocando a mão sob sua testa, disse:

– Fique calma, minha irmã. Chegou o momento em que você conhecerá o significado do poder da fé e da cura.

Dolores aos poucos foi serenando e, quando Henrique chegou, já estava mais calma.

– Dolores, o que aconteceu para que o soldado fosse me chamar com tanta urgência? – Perguntou ele à moça, que considerava uma grande amiga.

– Henrique, não terei muito tempo para explicar, mas preciso socorrer meu irmão, que acredita ter se contagiado com a peste – explicou, serena, mas séria.

– Mas, então, traga aqui seu irmão que cuidaremos dele – afirmou Henrique, procurando transmitir calma.

– Como eu disse, não tenho tempo para lhe explicar agora, quando isso acabar vou lhe contar com mais calma, e espero que você me perdoe, mas nesse momento preciso me apressar – disse ela se afastando, quando Henrique segurou-a pelo braço.

– Espere, Dolores, não estou compreendendo. Aonde você vai? Sabe que temos algumas regras para evitar contágio e preciso saber o que está planejando.

Onde está seu irmão? - Interrogou o rapaz, confuso.

- Henrique, meu irmão é o príncipe Manoel Mendonça. Como você sabe, ele viajou já faz alguns dias, e agora o soldado retornou com uma mensagem dizendo que ele não se sente bem e acredita estar com a peste - explicou a moça, cabisbaixa.

- Mas por que você não me disse que era irmã dele? - Indagou Henrique, desconcertado.

- Porque você não me permitiria auxiliá-lo com os doentes e eu queria muito isso - justificou Dolores, levantando o queixo. - Meu irmão não imagina que eu ajudo aqui e não me deixaria ficar, se soubesse. Agora ele precisa de mim!

Os dois ficaram em silêncio por alguns segundos, até Henrique se pronunciar.

- Muito bem, princesa. Não vou deixá-la ir até ele. Eu irei e o trarei para cá - avisou Henrique, resoluto. - Quando aqui cheguei, eu disse a ele que jamais deixaria de cuidar de algum doente, e não será agora que o farei.

- Você não está compreendendo, Henrique, ele é meu irmão...

- É você quem não está entendendo, princesa. Sou o responsável pelos doentes desta província e, com todo respeito à senhora, se o príncipe está enfermo, é aqui que ele precisa ser tratado. Você conhece os procedimentos e os cuidados que deve ter com os pacientes da enfermaria. Pode continuar tratando deles até a minha volta. Depois disso cuidaremos de seu irmão juntos! - Afirmou Henrique, sorrindo pela primeira vez. - E nem sabemos se ele está realmente com a peste. Lembrando que ficará muito bravo ao ver um de nós por lá, então que fique furioso comigo.

CAPÍTULO 37

# Orientações do "alto"

Depois da partida de Henrique, Dolores ficou mais tranquila, pois sabia que o irmão estaria em boas mãos. Sentia-se culpada por ter omitido a verdade sobre ela, mas tinha certeza de que Henrique não permitiria sua presença na aldeia, se soubesse quem era, e ele precisava muito de ajuda.

Henrique compartilhou tudo o que aprendeu com Dolores, ou seja, quais plantas eram as melhores para as infusões e os emplastros, como fazer os chás e até o benzimento que a irmã havia lhe ensinado, mas este último ainda não tinha colocado em prática, devido ao alto grau de contágio da peste.

Dolores pouco falara sobre si mesma a Henrique, a não ser que havia nascido no vilarejo, o que não deixava de ser verdade. Ela sempre fora a filha bastarda do rei, não reconhecida pela corte. Apenas o irmão, que a amava muito, a reconhecia. Por isso, Dolores conseguiu se passar com facilidade por plebeia para Henrique.

– Dolores...

A moça voltou-se, ao ouvir alguém chamar seu nome, e se deparou com uma senhora de longos cabelos negros.

– Quem é você? – Indagou Dolores, curiosa. – Nunca a vi na província.

– Meu nome é Conceição – informou a mulher, sorrindo.

– Posso lhe ajudar, Conceição? – Perguntou a moça, indo até a porta. – Mas vamos ter de conversar lá fora. Você não pode entrar aqui no salão sem as roupas que estou usando.

As duas saíram do quarto, e Dolores ficou olhando para Conceição, aguardando a mulher falar alguma coisa, sem compreender de onde ela tinha surgido.

– Sou a mãe de Henrique – falou a mulher, sorrindo.

Dolores olhou surpresa para a senhora, mas não se assustou, porque não era a primeira vez que via alguém que já havia morrido. Isso acontecia com certa frequência, apesar de nunca ter contado a ninguém. Ela não tinha medo, pois as pessoas que via sempre lhe transmitiram sentimentos de bem-estar.

Dolores continuou em silêncio, aguardando Conceição continuar.

– Minha querida, sua calma e sua tranquilidade mostram o seu preparo para este momento. Chegou a hora de você assumir seus dons e colocá-los em prática.

– Que dons são esses, Conceição? – Indagou, interessada.

– Você tem uma tarefa a realizar junto a este povo. Você não é reconhecida como princesa nem poderá ser, mas pode estar ao lado de seu irmão, para cuidar desse povo sofrido, depois que esta peste for embora.

– Meu irmão está com a peste, Conceição – lamentou Dolores.

– Este não é o momento de seu irmão partir, minha querida. Mas é o momento de ele finalmente entender que o povo desta província necessita muito dele para se reerguer, e você estará ao seu lado para ajudá-lo nisso – explicou Conceição, sorrindo. – Sua bondade e sua simplicidade vão ensinar seu bondoso irmão a ser um grande rei.

Dolores se emocionou com as palavras daquela senhora que lhe acalmava o coração.

– Diga a Henrique que o príncipe não está com a peste, isole-o dos demais doentes para seu próprio bem. Cuide de seu irmão com muito amor e carinho. Trate dele com as plantas e os chás que meu filho lhe ensinou, e inicie os benzimentos que você aprendeu. A cura de seu irmão é muito importante para o futuro de seu povo.

Dolores fechou os olhos, emocionada, e, quando os abriu, Conceição não estava mais lá. A moça ajoelhou-se e, de mãos postas, agradeceu ao Criador pela maior bênção que havia recebido em sua vida. E, naquele momento, prometeu estar ao lado do irmão e de seu povo, para o melhor e o pior.

CAPÍTULO 38

# *De volta para casa*

A carroça chacoalhava, deixando o corpo de Henrique dolorido, mas era uma dor suportável, pois indicava que em poucos dias estaria finalmente em casa. Depois de vários anos, poderia abraçar as pessoas que tanto amava. Não via a hora de rever Isabel e Inês.

Em todos aqueles anos de trabalho e esforço, para lutar contra aquela terrível peste, que, finalmente, estava cedendo e diminuindo, não havia parado de pensar em Inês.

A doença estava arrefecendo, sem ninguém entender como ela iniciara ou por que estava partindo. Então Henrique compreendeu que era chegado o momento de voltar para casa e começou a avaliar como deixaria o vilarejo.

Tudo o que sabia ensinara a Dolores, que, ao lado do irmão e depois da morte do pai, mesmo sem ser considerada princesa pela corte, cuidaria de seu povo.

Depois da séria doença de Manoel, que Dolores cuidou com todo o amor e com toda a dedicação, a moça se tornou mais segura e participou de forma mais ativa do trabalho. Cuidaria da enfermaria e tudo ficaria bem para os amigos, pois teriam ainda a ajuda de Juliana, que aprendeu a amar como se fosse sua filha.

Estava recolhendo seus pertences na enfermaria, quando se deparou com Juliana observando-o da porta.

– Que surpresa vê-la aqui, Juliana! Aconteceu alguma coisa? – Indagou Henrique. – Ou veio se despedir? Amanhã volto para casa.

– Eu sei, Henrique, por isso estou aqui – disse a jovem, que parecia aflita. – Por favor, me leve com você.

Henrique franziu a testa, procurando entender o significado das palavras de Juliana. Sabia que a jovem nutria uma paixão juvenil por ele, mas nunca incentivou aquele sentimento.

– Não posso, Juliana. O seu lugar é aqui e o meu é ao lado de minha família. Nunca conversamos sobre minha vida pessoal, mas deixei onde moro alguém que amo muito.

A jovem pareceu levar um choque e deu um passo para trás.

– Desculpe se a faço sofrer, mas não tem outra forma de dizer a verdade. Não quero que se iluda e tenha expectativas a meu respeito – Henrique falava gentilmente.

– Compreendo. Agradeço sua sinceridade – declarou a jovem. – Você foi meu benfeitor, mas o que sinto por você não é uma paixão passageira, como você imagina. Você é um exemplo para mim. Com você, aprendi a perdoar quem fez mal para meus pais. Meus sentimentos por você são verdadeiros e serão para sempre.

Henrique sorriu para Juliana e disse:

- Você é jovem, conhecerá alguém que vai lhe inspirar os mesmos sentimentos.

Juliana sorriu também e disse, enigmática:

- Vá em paz, Henrique! Esperarei, para, juntos, continuarmos o trabalho que você tanto ama, apesar de você não acreditar nisso.

Com essas palavras, Juliana olhou nos olhos de Henrique, deu mais um sorriso e partiu. O rapaz estranhou o que ela disse, mas, envolvido nos preparativos da viagem, acabou esquecendo da expressão enigmática da jovem.

CAPÍTULO 39

# Realidade cruel

Henrique olhava à sua volta, enquanto se aproximava do sítio. Muita coisa havia mudado durante a sua ausência. Assustou-se ao ver, da estrada, já dentro da propriedade, a precariedade do acampamento dos leprosos, pois de longe dava para identificar que ali houvera um incêndio.

Conforme chegava mais perto da entrada do sítio, seu coração ia se apertando. Havia mato por todos os lados, e o local parecia desabitado por muito tempo.

Henrique olhava tudo sem entender o que havia acontecido. Abriu a porteira, entrou no sítio, parou a carroça e, sem amarrar os cavalos, seguiu em direção à casa, que estava em estado lastimável. Pelas janelas subiam galhos e folhagens, que já tinham fixado morada ali fazia tempo.

O desespero tomou conta de Henrique, que praticamente derrubou a porta da cozinha com sua força.

- Isabel, Inês, Angelita? - Chamou Henrique, nervoso, e parou, olhando ao redor.

Seus olhos tentavam se acostumar com a escuridão à sua volta e sentiu um cheiro de mofo pelo ar.

– Por Deus, o que está acontecendo aqui? – Perguntou a si mesmo, incrédulo.

O silêncio era tanto que Henrique conseguia escutar seu próprio coração batendo descontrolado. De repente escutou um gemido, vindo de um dos quartos, e seguiu rápido naquela direção.

Tropeçou em algo, que estava no meio do caminho, e, antes de seguir para o quarto, abriu todas as janelas para permitir a entrada do sol, que cegou seus olhos, fazendo-o fechá-los por instantes.

Ao ouvir novo gemido, dirigiu-se ao cômodo de onde vinha o som. Parou na porta, e um cheiro nauseabundo atingiu seu nariz quase fazendo-o vomitar. Tateando pelas paredes procurou a janela, encontrou-a, e, ao abri-la, protegeu seus olhos para que o sol não o pegasse de surpresa de novo.

– Feche a janela – pedia uma voz feminina, que Henrique não conseguiu reconhecer de imediato.

Sem atender ao pedido daquela voz, Henrique voltou-se em sua direção e teve o maior choque de sua vida. Nem todo o sofrimento que viu durante sua luta contra a peste o preparou para aquele momento doloroso. No canto do quarto, numa cama imunda e numa situação lastimável, que Henrique jamais conseguiria descrever, estava Inês.

Um nó subiu pela sua garganta e lágrimas caíram por seu rosto, ao ver a gravidade da situação. Havia feridas por todo o corpo da moça, até onde ele conseguia enxergar. Desviou a vista de seu corpo e fitou diretamente seus olhos.

Henrique queria chorar e desabar diante da triste cena, mas não podia fraquejar na frente dela, que precisava desesperadamente de ajuda. Respirando fundo, pediu aos amigos espirituais, que naquele momento sentiu a seu lado, que lhe dessem forças para manter a calma. Notou a mãe lhe confortando a alma e se aproximou da cama.

- Inês... - sussurrou o rapaz, sem tocar na amada, pois já tinha detectado a doença que a havia acometido. Aquela descoberta dilacerava sua alma, e uma dor intensa apertava seu coração, como se uma espada estivesse ali sendo fincada.

A moça olhava para ele como se não o reconhecesse. Sua pele estava brilhante e ela parecia febril. Henrique entendeu que a febre não permitia que ela o identificasse. Se ele tivesse demorado um pouco mais para chegar, provavelmente a encontraria sem vida.

O rapaz recobrou o controle da situação e voltou a ser o homem decidido e equilibrado, que ajudou a combater uma grande peste. Auxiliaria a amada e estaria ao lado dela sempre, da forma que pudesse, com todo o seu amor.

CAPÍTULO 40

# Pedido de socorro

O portão foi aberto, e um soldado entrou galopando com rapidez em direção à entrada do castelo. Manoel Mendonça, que estava em reunião com a corte, recebeu com estranheza a chegada do mensageiro, que lhe sussurrou algo, entregando-lhe uma mensagem.

Pedindo licença aos presentes, leu a mensagem e, impassível, levou apenas alguns segundos para encerrar a reunião. Dispensou o soldado e seguiu até a aldeia, onde encontraria a irmã, que estava trabalhando com os doentes.

Dolores, que estava terminando de atender um paciente, pediu que o irmão aguardasse, mas percebeu a preocupação em seu semblante. Após alguns minutos, seguiu para fora da enfermaria, encontrando o irmão pensativo e triste.

- Algum problema, meu irmão? - Indagou Dolores, preocupada.

- Recebi essa mensagem de Henrique - respondeu Manoel Mendonça, estendendo o comunicado para a irmã.

Dolores olhou para Manoel, antes de se concentrar na leitura no bilhete, e, conforme lia, sua fisionomia ia se entristecendo. Após a leitura, dobrou a mensagem e, sem pensar duas vezes, disse ao irmão:

- Eu irei! - Afirmou, resoluta. - Só preciso orientar quem vai ficar no meu lugar na enfermaria.

Manoel Mendonça fixou o olhar na irmã, não tendo dúvidas de que aquela seria a resposta dela, e falou:

- Muito bem, Dolores! - Comentou Manoel Mendonça, sorrindo. - Enquanto vinha para cá, já estava pensando nas providências que tomaria para nossa partida.

- Como assim, nossa partida? - Questionou Dolores. - Manoel, você não pode ir comigo. Seu povo precisa de você. É o rei desta província agora, e se algo lhe acontecer todos ficarão sem rumo.

- Minha irmã, Henrique necessita de você. A mulher que ele ama precisa passar por um tratamento de cura, e ele acredita que somente você pode ajudá-la - justificou Manoel, com um sorriso. Se o homem, que nos ajudou a derrotar essa terrível peste, acredita nisso, nós temos de auxiliá-lo.

Eu, por minha vez, não posso deixar minha irmãzinha ir sozinha, mesmo que esteja escoltada por soldados. Além do mais, ele deve estar precisando de apoio. Nos tornamos amigos, e amigos não se abandonam. Você sabe que o reino tem protocolos para casos como esses. Não estamos indo para uma guerra, sendo assim, não há motivo para que eu não possa me ausentar. Nossa província ficará muito bem, sob a direção do chanceler, por algumas semanas.

Dolores acenou com a cabeça, concordando, e sorriu para o irmão, que por vezes parecia um governante sério e outras vezes aparentava ser, como agora, apenas um homem sensível, que considerava os laços de amor e amizade como maiores que os protocolos de governança de um reino.

CAPÍTULO 41

# Cuidado amoroso

Henrique parou para descansar, enquanto limpava o suor da testa com as mãos. Capinava em volta do celeiro, procurando deixar tudo limpo para a chegada do inverno, que não tardaria.

Os cuidados entre o sítio e Inês tomavam todo o seu tempo, mas ele preferia assim, pois não tinha chance para ficar pensando. O pior já passara e a febre de Inês cessara, fazendo com que a moça saísse da situação crítica em que se encontrava, e que suas feridas começassem a cicatrizar. Mas ela ainda não o reconhecia nem conseguia andar.

Henrique percebeu que a jovem tinha delírios mentais, sem relação com a lepra, originados de algum Espírito que a acompanhava e tentava prejudicá-la.

Depois de ministrar os primeiros atendimentos médicos a Inês, limpar e higienizar a casa, tirar as ervas daninhas em volta da moradia, Henrique andou ao redor do sítio para entender o que estava acontecendo. Sua irmã e Angelita haviam desaparecido, e o acampamento dos leprosos estava destruído. No vilarejo ficou sabendo que não havia sobrevivido ninguém do acampamento.

Preocupado com a situação mental e espiritual de Inês, e sem poder ajudá-la nesse sentido, Henrique decidiu mandar uma mensagem para Dolores, pedindo seu auxílio, já que a moça tinha dons espirituais e de cura que poderiam ajudar, mas, para isso, precisava ir até o vilarejo para enviar um mensageiro ao castelo, o que fez num determinado dia, depois de alimentar Inês e fazer sua higiene matinal.

Sentiu uma dor lancinante, ao ser informado pelo tabelião que sua irmã estava morta, e que Inês e Angelita se afastaram do sítio por alguns anos.

Surpresa maior foi descobrir que Angelita deixara toda a fortuna do pai para ele e Inês, e que, após seu retorno, ela acrescentara outra herdeira à propriedade do sítio e dos bens de seu pai - Samanta, filha de Angelita.

Henrique tinha direito a parte dos bens do pai de Inês, mas aquilo não lhe importava. Queria saber que tragédia havia acontecido em sua ausência e faria o que estivesse ao seu alcance para descobrir.

Saindo de seus devaneios, olhou para o sol, que mudava de posição, mostrando que as horas estavam passando e que logo mais teria de novamente banhar e alimentar Inês.

CAPÍTULO 42

# Desespero e insanidade

Diego estava agarrado aos pés de Inês e a apertava com suas mãos em garra. Sua mente estava atrelada ao passado, por não aceitar sua situação. Congelou seus pensamentos num determinado instante que vivenciou e ali cristalizou seus sentimentos e seu ódio.

Não tinha noção de quanto tempo passara naquele buraco escuro e frio em que se encontrava. Só se lembrava das dores que sentiu e que ainda sentia. Recordava-se muito das pessoas que conhecia e que poderiam lhe tirar dali, e Inês estava sempre em seus pensamentos, porque sabia que ela era a única capaz de achá-lo, pois conhecia bem a propriedade.

Seu desespero era tão grande, e seu pensamento na moça se tornou tão forte que de repente se viu na casa de Inês. Aquilo o deixou mais confuso ainda, mas, como não tinha mais noção de tempo e espaço, e não havia percebido que não fazia mais parte da vida terrena, não se importou em saber como fora parar ali.

Olhou em volta, procurando a moça, recordou-se da última vez em que esteve ali, e um rápido sentimento de culpa lhe passou pela mente, mas, em desequilíbrio, deixou o pensamento de lado.

Viu Inês sentada numa cadeira da sala, como se tivesse em transe. Chamou por ela, mas a moça não o escutou. Aproximou-se, chamando mais uma vez e, de novo, Inês não respondeu. Parecia que ela o ignorava de propósito. Impaciente, chacoalhou seu ombro, mas nem assim ela olhou para ele.

– Inês! – Gritou em seu ouvido, mas só fez com que a moça colocasse a mão na orelha.

Ele se afastou. Desespero e angústia tomaram conta de seu espírito. Ficou próximo dela, gritando mais uma vez, mas Inês aparentou ignorá-lo novamente, e aquele desprezo o fez sentir muita raiva.

Diego socou sua própria cabeça, achando que estava louco, e, olhando para a moça, inquiriu:

– Por que você me ignora? Quem incendiou o acampamento?

Inês não o escutava, mas captava suas palavras como se fossem seus pensamentos, e falou em voz alta:

– Finalmente aquele desgraçado pagou por tudo o que fez. Agora deve estar queimando no fogo do inferno – afirmou, com ódio. – Matou Isabel, violentou Angelita e se fez de inocente na minha frente.

Diego prestava atenção às palavras da moça.

– O que você fez, Inês? – Questionou Diego, enraivecido.

– Ele mereceu ter morrido daquela maneira – declarou Inês, satisfeita.

– Eu não estou morto! – Contestou Diego em desespero, colocando as mãos sobre seu corpo. - Veja, estou vivo! Olhe para mim, mulher! O que você fez?

- Foi necessário incendiar o acampamento e acabar com ele, para que não fizesse mal para mais ninguém - continuou Inês. - Eu nem precisei denunciar o endereço do acampamento. Aquele grupo fanático fez todo o trabalho por mim, acreditando que os leprosos eram os responsáveis pela peste - detalhou a moça.

Um ódio descomunal tomou conta de Diego, quando entendeu finalmente o que havia acontecido. Ele estava morto! A pouca sanidade mental que tinha naquele momento evaporou e ele só pensava em matar Inês. Aproximou-se da moça, agarrando-a pelo pescoço para enforcá-la, mas nada acontecia.

Inês começou a sentir falta de ar e, colocando as mãos no peito, se levantou, respirou fundo e seguiu para o quarto para descansar.

Diego continuava agarrado ao seu pescoço, tentando matá-la, mas, ao ver que não conseguia seu intento, largou-a e ficou observando-a enquanto ela se deitava. Ele começava a perder a razão, mas o ódio pela moça continuava presente. Tinha percebido que, ao colocar as mãos em seu pescoço, ela sentira falta de ar, então, ele arrumaria um jeito de manter-se junto a ela.

Em sua mente doentia, Diego acreditava que Inês fora a responsável por sua morte. Ele, que não tinha nada a perder, possuía apenas a vingança como companhia, já que nada mais lhe restava.

Naquele momento segurou firme as pernas de Inês e sentou-se no chão, ao lado dela na cama, e, numa simbiose, ficaram agarrados um ao outro.

Com a companhia de Diego ao seu lado, pouco a pouco, Inês foi adoecendo cada vez mais, perdendo suas forças, deixando de andar, até o momento em que Henrique chegou, quase encontrando-a morta.

CAPÍTULO 43

# Auxílio precioso

Henrique ouviu o barulho de cavalos. Rapidamente foi até a porta ver quem estava chegando, e qual não foi a sua surpresa ao avistar Manoel Mendonça em seu imponente alazão, seguido logo atrás por uma carruagem, a qual o rapaz supunha trazer Dolores.

Emocionado, enxugou as lágrimas que caíam de seus olhos, ao presenciar a chegada de seus amigos queridos. Sentia-se mais tranquilo por saber que teria apoio num momento tão delicado de sua vida. Nem a luta contra a peste fora tão difícil quanto enfrentar a agonia da mulher de sua vida, que definhava à sua frente. E isso o fragilizava.

O grupo parou a poucos metros da casa. Dolores foi logo descendo da carruagem, sem esperar que alguém a ajudasse, e rapidamente se encaminhou até Henrique, abraçando-o forte. Depois de longos segundos de um abraço emocionado, se afastaram.

- Meu amigo, sinto muitíssimo pelo que está passando - lamentou Dolores, ainda segurando as mãos do rapaz.

- Princesa Dolores, é uma grande alegria tê-la aqui - declarou Henrique, fazendo-lhe uma reverência, no que foi interrompido pela princesa.

- Henrique, somos amigos, não estou aqui como realeza - afirmou, sorrindo.

- Nem eu, meu amigo - disse uma voz imponente logo atrás da moça.

Manoel Mendonça, em toda sua altura majestosa, olhava com um sorriso para Henrique, a quem estendeu a mão. O rapaz já estava fazendo nova reverência, quando o rei o segurou pelos ombros.

- Jamais faça isso em nossa presença, meu amigo! - Avisou. - Dê-me aqui um abraço.

Os dois amigos se abraçaram com força. Um rei, bem mais alto e majestoso, abraçando um jovem plebeu, que era muito caro ao seu coração.

- Agradeço imensamente a vocês por terem atendido ao meu chamado - disse Henrique, emocionado. - Se não fosse tão importante, eu jamais o teria feito. Mas, por favor, entrem em minha humilde casa.

Manoel Mendonça deu ordem aos soldados, que estavam próximos aos cavalos, para que montassem acampamento perto da moradia.

- Vocês não ficarão em minha casa? - Perguntou o rapaz.

- Dolores poderá ficar, se quiser, mas eu permanecerei no acampamento com meus soldados.

Assim que Dolores colocou os pés para dentro da casa, sentiu uma vertigem. Se não tivesse sido amparada por Henrique, teria caído.

- Algo muito ruim aconteceu nesta casa, meu amigo - alertou a moça, de olhos fechados. - Uma intensa luta entre um homem e duas mulheres.

Dolores abriu seus belos olhos, e Henrique divisou muita dor em sua expressão.

- O que você viu, Dolores? - Indagou.

- Depois conversamos sobre isso. Leve-me até Inês.

Seguiram até o quarto em que Inês dormia e, mais uma vez, Dolores sentiu uma energia ruim. Apesar de a janela do quarto estar aberta para a entrada de sol, uma escuridão tomava conta do ambiente. Olhou para a cama e avistou uma mulher imobilizada. Ela estava coberta e não dava para ver plenamente seu rosto, só sabia que não era nenhuma das mulheres presentes na visão que tivera na sala.

Caminhava para a cama, quando Henrique segurou seu braço.

- Não toque nela, Dolores! Ela está com lepra - alertou o rapaz, com voz embargada.

Dolores se aproximou da cama e, olhando mais atentamente, viu um vulto sentado no chão, na beirada do leito, agarrado aos pés de Inês.

- Você disse que ela não anda? - Interrogou Dolores.

- Isso mesmo. Apesar da lepra e da confusão mental, era para ela caminhar, já que não tem nenhum problema ou outra doença que a impeça.

O Espírito estava agarrado a Inês em estado simbiótico, como se fossem um só. Um agarrava-se ao outro, como se necessitassem dessa ligação. Aquele era o motivo da confusão mental da moça e de sua impossibilidade de andar.

- Neste primeiro momento vou fazer algumas orações, e peço que todos me acompanhem com pensamentos elevados. Vibrem muito amor. É tudo o que Inês mais necessita nesse instante - instruiu Dolores.

Todos silenciaram, e Dolores, fechando os olhos, pela primeira vez desde a sua chegada, percebeu a presença de alguns Espíritos amigos naquele ambiente, os quais pareciam ser os protetores de Henrique e Inês.

Dolores chamou por seu guardião e, impondo as mãos sobre o corpo da doente, fez uma sentida oração. Somente ela conseguia ver a chuva de luzes que descia do teto e caía sobre Inês, em vários pontos de seu corpo, inclusive sobre seus pés, onde estava agarrado o Espírito que a acompanhava.

Depois de alguns minutos, Dolores abriu os olhos, exaurida e emocionada ao mesmo tempo, e, sem nada dizer, convidou os homens para saírem do quarto.

Sentando-se na poltrona da sala e sentindo certa fraqueza, Dolores olhou para Henrique e disse, sorrindo:

- Meu amigo, temos muito o que conversar, mas só depois que eu descansar. O que posso lhe dizer por enquanto é que farei o que estiver ao meu alcance para ajudar Inês a se livrar dessa confusão mental e voltar a andar. Tenho certeza de que isso acontecerá, mas é necessário tempo, paciência e árduo tratamento espiritual.

Você está rodeado por Espíritos amigos que desejam a cura de Inês, e todos nós vamos contribuir para que ela se liberte de seus males físicos. Porém, para conseguir a cura espiritual, precisará mudar interiormente, e isso depende apenas dela.

CAPÍTULO 44

# Início da recuperação

Samanta corria pela relva, tendo Inês em seu encalço, e as duas riam da brincadeira, mas a menina era mais rápida e se distanciava da moça, que a chamava para que não fosse longe.

- Samanta! - Chamou Inês e, ao abrir os olhos, viu que estava deitada numa cama.

Olhando com atenção percebeu que estava em seu quarto. Tentou se levantar, mas o peso de suas pernas não permitia. Sua cabeça doía muito e não se lembrava como tinha ido parar ali. Sua mente parecia uma escuridão só. A última lembrança que tinha era de quando estava nas montanhas com Samanta. Ao lembrar-se da morte da irmã, seu coração ficou apertado.

Olhou em volta e notou que uma moça, próxima da cama, olhava para ela.

- Quem é você? - Perguntou Inês, confusa. - O que estou fazendo aqui na casa de meu pai? Onde está Samanta?

- Meu nome é Dolores, estou cuidando de você - explicou, com um sorriso. - Não sei quem é Samanta.

Inês começou a ficar angustiada, porque não se lembrava que deixara Samanta com um casal de amigos.

– Preciso achar Samanta – afirmou a moça, nervosa. – Ela é apenas uma menina, deve estar sozinha em casa.

Henrique, que observava tudo da porta, se pronunciou pela primeira vez:

– Samanta está bem, Inês! – Informou, se aproximando.

A moça olhou para ele surpresa, pois jamais imaginaria encontrá-lo ali. Uma forte emoção invadiu seu coração ao vê-lo e tentou se levantar outra vez, mas sentiu uma vertigem e desmaiou.

Depois de prestar os cuidados a Inês, Henrique e Dolores seguiram até a sala.

– Quem é Samanta? – Indagou Dolores. – Eu não imaginava que ela ficaria tão boa de um dia para o outro. Nem chegamos a conversar sobre o que aconteceu ontem.

– Já chamei Manoel e conversaremos sobre isso no café da manhã – avisou Henrique, sorrindo.

Os irmãos tomaram farto café da manhã e aguardaram o amigo iniciar a conversa.

– Quando cheguei aqui, encontrei Inês nesse estado deplorável, só que ela não me reconheceu. Fui até o vilarejo e descobri com o tabelião que Angelita deixou esta casa para mim e para Inês. Fiquei sabendo que elas se afastaram do lar por alguns anos e que, recentemente, Inês voltou sozinha, tendo acrescentado ao testamento uma criança chamada Samanta, filha de Angelita, mas o paradeiro dela ninguém sabe.

Minha irmã, Isabel, está morta, mas a causa de sua morte é desconhecida.

Dolores segurou as mãos de Henrique e disse:

- Henrique, você me chamou porque acredita que posso ajudá-lo, e não vou poupá-lo do que mostram minhas visões, sobretudo, porque isso pode ser uma pista para desvendarmos esse mistério.

Henrique acenou com a cabeça concordando e aguardou Dolores continuar.

- Ontem, quando entrei, vi duas mulheres desesperadas lutando com um homem. Uma delas foi machucada violentamente e a outra, num momento de luta, bateu a cabeça ao cair e não sobreviveu - descreveu Dolores, com tristeza. - Sinto muito!

Lágrimas caíram dos olhos de Henrique, e forte emoção tomou conta dele.

- Quem não sobreviveu foi Isabel, minha irmã, isso explica eu tê-la visto várias vezes enquanto estava fora. Angelita teve uma filha. Pensei inclusive em perguntar a Isabel, quando eu voltasse, por que a via, mas agora as visões se explicam, pois, ela já não estava mais viva naqueles momentos. O que me conforta é saber que ela está bem. - Henrique enxugou as lágrimas e continuou: - O que precisamos fazer agora é cuidar de Inês e descobrir onde Samanta está.

- Descobrir onde ela está e colocá-la num lugar seguro - disse Manoel Mendonça, pela primeira vez. - Você sabe que aqui ela não poderá ficar. Não é, meu amigo?

As palavras de Manoel eram uma referência à doença de Inês, que era contagiosa.

CAPÍTULO 45

# Esclarecendo o pesadelo

Inês acordou e, olhando em volta, viu Henrique sentado na poltrona, ao lado de sua cama, cochilando.

Esticou as mãos para tocá-lo, quando notou algumas feridas em seu braço. Foi um choque ver o que já estava ciente que aconteceria, mais cedo ou mais tarde. Então, um soluço saiu de sua garganta e chorou, como há muito tempo não fazia.

Henrique acordou com o choro de Inês e, ao vê-la emocionada, quis abraçá-la, mas se lembrou a tempo de que não podia. Deixou que ela chorasse, para desabafar sua dor, até que se acalmasse.

A moça foi serenando aos poucos até silenciar, e Henrique perguntou, carinhoso:

- Você está melhor, Inês?

A jovem ficou sem responder por alguns segundos e depois virou sua cabeça na direção do rapaz.

- Há quanto tempo estou desse jeito, Henrique? - Indagou, triste.

- Não sei. Quando cheguei aqui a encontrei nesse estado e você não me reconheceu - disse o rapaz. -

Do que você se lembra?

- A única coisa que me lembro é de cuidar de Samanta nas montanhas e planejar vir para casa - falou Inês, tentando se recordar. - Mas não tenho lembrança da minha chegada aqui.

A moça sentou-se na cama, preocupada, e nem se apercebeu que, pela primeira vez, depois de muito tempo, conseguiu mover os pés.

- Henrique, precisamos procurar Samanta. Ela pode estar em perigo - pediu, aflita.

- Você precisa dizer onde Samanta está, que faremos de tudo para encontrá-la -comentou Henrique.

- Temos tanto para conversar... - falou Inês, fitando profundamente os olhos do rapaz, depois de explicar onde Samanta estava. - Tanta coisa aconteceu.

- Teremos muito tempo para isso. O importante é que você está se restabelecendo. - Henrique afirmou com alegria. - Quero que você conheça Manoel e Dolores, que estão aqui para nos auxiliar.

- Você não imagina o que aconteceu conosco. Fomos traídos da maneira mais sórdida possível e por alguém em quem confiávamos - informou Inês, que começou a ficar nervosa.

- Calma Inês, está tudo bem. Agora você está segura - disse Henrique, tentando tranquilizá-la. - Ninguém vai te fazer mal.

- Henrique, você precisa saber o que aconteceu com Isabel - lamentou Inês, aflita.

A moça colocou as mãos na cabeça, procurando lembrar-se de tudo o que tinha acontecido, e começou a contar ao rapaz os momentos horríveis que tinham vivido.

- Perdoe-me, Henrique, não consegui salvar Isabel. Quando cheguei ela já estava morta - explicou Inês, em lágrimas.

Henrique ficou em silêncio, deixando a moça extravasar toda a sua dor, enquanto ele próprio chorava e sofria por dentro, mas aos poucos foi se acalmando também, ao lembrar-se das visitas da irmã, sabendo que ela estava bem no Plano Espiritual.

Enquanto os dois permaneciam calados, Isabel e Conceição vibravam para que a harmonia no ambiente ajudasse a acalentar o coração aflito daqueles dois seres.

- Enterramos o corpo de Isabel no jardim e fomos embora. Henrique, não deixe Diego entrar aqui, ele é perigoso - implorou Inês, assustada. - Prometa-me, por favor.

- Diego não está mais aqui, Inês - informou Henrique, sem mencionar sua morte, achando que aquele não era o momento para isso.

Inês se deitou novamente, sentindo-se mais calma, e fechou os olhos, pois estava cansada.

- Isso é bom, mas não significa que ele não voltará. Precisamos ficar atentos - alertou a moça, que acabou adormecendo.

CAPÍTULO 46

# Desvario e fúria

Dolores estava na cozinha preparando um chá, quando um Espírito entrou sem perceber a presença dela. A moça, sentindo a vibração negativa emanada por ele, fechou os olhos, pedindo o amparo de seu mentor, para que a casa ficasse energicamente protegida.

O Espírito era o mesmo da visão que Dolores teve, quando chegou na casa e o encontrou agarrado aos pés de Inês. E naquele momento parecia procurar por alguém.

- Inês - ele gritava em seu desvario mental. - Onde você está? Como conseguiu escapar de mim?

Dolores compreendeu que as orações e as vibrações que vinham sendo feitas para Inês afastaram por algum tempo o Espírito, que parecia enfurecido com isso. Em seu sofrimento espiritual, ele não sabia em qual dimensão estava.

- Que escuridão é essa? - Perguntava, em desespero.

Dolores, compadecida, vibrava silenciosamente por aquele ser desencarnado, que parecia totalmente perdido. A agitação de Diego aos poucos foi diminuindo, e ele fixou o olhar num ponto distante, através da porta aberta na sua frente, e, como um sonâmbulo, foi embora.

Suspirando aliviada, Dolores terminou de fazer o chá, que estava preparando para Inês, e foi até o quarto da moça, encontrando-a acordada, com o olhar fixo no teto.

– Bom dia, Inês! – Cumprimentou-a, colocando o chá sobre a mesa ao lado da cama. – Trouxe um chá de ervas, que vai lhe fazer muito bem.

A moça não respondeu nem se moveu em sua direção. Dolores sentou-se na cadeira ao lado e ficou esperando até que Inês falasse algo.

– Eu tive mais um pesadelo, Dolores – comentou.

– Você gostaria de me contar? – Perguntou a princesa.

– Sonhei que estava fugindo de Diego. Eu sei que é questão de tempo para ele me encontrar. Preciso ir embora!

– Você ainda não está saudável o suficiente para partir – recomendou Dolores, que indagou: – Quem é Diego?

Após alguns minutos, Inês conseguiu colocar para fora toda a dor que viveu nos últimos anos, inclusive a tragédia pela qual sua irmã e Isabel passaram. Ela soluçava, ao relembrar toda a dor que sofreu ao lado da irmã.

– Se não fosse Diego, Isabel e Angelita estariam vivas – lamentou Inês, e o ódio voltou a tomar conta dela.

- Por que você voltou, Inês? - Questionou Dolores.

- Eu voltei para me vingar de Diego, mas não precisei fazer isso. Alguns moradores da cidade, por fanatismo, acreditando que as pessoas do acampamento eram responsáveis pela peste, incendiaram o local. Agora Diego vai voltar para se vingar de mim, pois acredita que fui a responsável pelo que aconteceu.

- Inês, você está protegida aqui. Agora precisa pensar apenas em sua recuperação - aconselhou Dolores.

- Nós sabemos que jamais vou me restabelecer - lastimou-se Inês, e uma sombra passou por seus olhos.

- A lepra não tem cura, mas é possível viver com ela, se for tratada. Você sabe disso, pois cuidava dos doentes do acampamento.

- Eu não quero mais falar sobre isso - finalizou Inês.

- Está certo, assim que Henrique voltar com meu irmão, conversaremos melhor - disse Dolores, sorrindo, e saiu do quarto, deixando Inês com seus pensamentos.

CAPÍTULO 47

# Reencontro e distância

– Madrinha, madrinha. – Uma voz de criança fez Inês abrir os olhos e, ao reconhecer que era de Samanta, pulou da cama e correu para fora.

Foi para a varanda da casa e viu uma menina pular da carroça, que estava sendo conduzida por Henrique.

Samanta saiu correndo em direção a Inês, mas Manoel Mendonça, em seu alazão, postou-se na frente da menina. Desceu rápido do cavalo e, aproximando-se da garota, abaixou-se para conversar com ela.

Samanta olhou para Inês ao longe e acenou com a cabeça, conforme escutava o que Manoel lhe dizia. Inês franziu a testa, ao presenciar a cena, mas, em sua euforia de querer abraçar a sobrinha, deixou passar o ocorrido.

Henrique desceu da carroça, chegou mais perto da criança e seguiram juntos para casa. Inês olhava encantada para a sobrinha, ao ver o quanto ela havia crescido.

Samanta se aproximou da tia e, um pouco distante, sorriu para ela. Inês olhava para a menina e para

Henrique e, enfim, entendeu o motivo do distanciamento da garota. Uma dor enorme traspassou seu coração, ao entender que Henrique trouxera sua amada sobrinha para casa, como havia prometido, mas, por causa de sua doença, não poderia ficar perto dela, da mesma forma que ela não permitiu que a menina ficasse próxima da própria mãe.

Inês queria debulhar-se em lágrimas, mas não faria isso na frente de ninguém. Sorriu para a sobrinha e declarou:

– Samanta, meu amor, você não imagina o quanto estou feliz por vê-la novamente!

A menina, contida, queria abraçar a tia, mas já havia sido orientada que ainda não poderia fazer isso.

– Eu estava com muitas saudades, madrinha – disse a menina. – Os tios são muito bonzinhos, mas eu queria estar perto da minha família.

Inês queria dizer que agora ela estava em casa e segura com sua família, mas sabia que não era verdade.

Henrique fitou os olhos de Inês, e a falta de brilho neles mostrava toda a dor que a moça estava sentindo.

– Samanta, agora você está em casa, ao lado da sua tia – comemorou Henrique. – Como já conversamos, para você chegar perto dela, é preciso certos cuidados, para que sua tia não fique mais doente.

Inês olhou para Henrique agradecida por ele não contar à menina que o perigo era ela e não a pequena.

– Por enquanto você vai dormir no acampamento com a princesa Dolores – concluiu o rapaz.

A menina acenou com a cabeça concordando. Não fora difícil convencê-la. Ela se encantou por conhecer um rei e uma princesa, e acabou se distraindo da tensão de sua chegada.

- Vamos, então, senhorita Samanta. Vou lhe mostrar seus aposentos - convidou Manoel Mendonça, fazendo um galanteio para a menina.

- Inês, me perdoe - Henrique olhava triste para a moça. - Não foi possível conversar com você antes. O casal que cuidava de Samanta não quis mais ficar com ela, e tivemos de trazê-la imediatamente.

Inês olhava para a menina sem nada dizer, e lágrimas escorriam pelo seu rosto.

- Eu queria ter o poder de evitar todo esse sofrimento a você - continuou ele. - Gostaria de acabar com toda a sua dor e com essa doença infernal, mas infelizmente não consigo. Só posso lhe dar todo o meu amor, e prometo cuidar de você e protegê-la pelo resto de minha vida.

- Não posso lhe pedir tanta devoção, Henrique. Você precisa seguir sua vida. Não deve atrelar seu destino ao meu - afirmou Inês, olhando fixamente para ele. - Além disso, alguém vai precisar cuidar de Samanta. Ela não pode viver aqui comigo, senão terá o mesmo fim que eu.

Henrique olhou para a amada desejando abraçá-la com força, mas sabia que ela precisava dele saudável, para cuidar dela para sempre.

- Depois conversaremos sobre isso e encontraremos uma solução. Samanta não ficará desamparada.

Inês sorriu para ele, sabendo que podia confiar plenamente no homem que amava, e entrou na casa para descansar.

# CAPÍTULO 48
# Nova estratégia

Samanta acordou ardendo em febre e com manchas vermelhas por todo o corpo. Deitada na cama, ao lado de Dolores, a menina gemia alto e acabou acordando a moça.

Ainda sonolenta, Dolores sentou-se rapidamente, ao vê-la se contorcer na cama.

- O que houve, Samanta? - Perguntou, assustada, se aproximando.

- Estou com muita dor - gemia a menina.

Dolores colocou a mão na testa da criança, que queimava de febre. Estranhou aquele mal-estar, já que ela não havia comido nada diferente.

- Vai ficar tudo bem, vou buscar uma compressa gelada e um pouco de chá para você, para baixar a febre. Já volto - avisou Dolores, que saiu do alojamento em passo acelerado.

Samanta ficou deitada de olhos fechados, tentando se acalmar enquanto esperava. A dor aos poucos foi diminuindo, até que ela abriu os olhos. Franziu a testa, ao ver um homem parado na entrada do alojamento.

– Quem é você? – Perguntou a menina, com curiosidade, mas sem sentir medo.

– Meu nome é Diego – informou o homem, simulando um sorriso. – Eu moro no acampamento lá embaixo.

– Eu não sabia que havia outro acampamento aqui – comentou a menina, com interesse, sentando-se na cama.

– Só eu moro lá agora – lamentou o homem com tristeza.

– Com quem você está falando, Samanta? – Indagou Dolores, que acabava de chegar.

– Com o Diego, mas ele já foi embora, tia. – Dolores gelou ao ouvir aquele nome e rapidamente se aproximou de Samanta.

– Você está se sentindo melhor? – Questionou, colocando a mão na testa da menina. – Sua febre diminuiu – verificou, aliviada.

– Minha dor passou, e já me sinto melhor – respondeu, sorrindo.

– Samanta, quero que me prometa que, se Diego voltar, você vai me chamar. Entendeu? – Recomendou, com firmeza. – Não quero que você fique sozinha com nenhum estranho.

Dolores teve de usar daquele artifício para explicar o motivo de não querer que Samanta ficasse a sós com Diego.

Enquanto oferecia o chá para a menina, já tinha uma ideia do que estava acontecendo. Samanta voltou a se deitar e, sonolenta, acabou adormecendo.

Enquanto ela dormia, Dolores elevou suas mãos sobre seu corpo e rogou ao Criador para que Ele conseguisse afastar aquele irmão de Samanta, para não a prejudicar.

CAPÍTULO 49

# O amor superando a vingança

Estava se aproximando o dia em que Dolores e Manoel Mendonça teriam de partir. A ajuda deles fora inestimável, e Henrique não poderia prendê-los por mais tempo. Os amigos levariam Samanta com eles e Henrique não sabia como agradecer o auxílio que ambos prestaram a ele. Precisava apenas preparar Inês para a notícia.

Samanta já estava se sentindo melhor. As manchas em seu corpo haviam sumido. Em sua fragilidade, a criança captou a presença e o sofrimento de Diego como uma esponja, também por ter uma afinidade que a ligava a ele, mas, depois daquele episódio, ele não tornou a aparecer.

A menina estava eufórica para conhecer o castelo e havia aceitado bem que ficaria longe da tia.

Naquele dia os adultos teriam uma conversa sobre a partida deles.

– Samanta, querida, vamos deixá-la por alguns minutos aqui no alojamento enquanto conversamos na casa. Está bem? – Perguntou Dolores. – O soldado ficará em seu posto lá fora, e, se você precisar, é só chamá-lo - avisou.

Após a ida de Dolores, Samanta ficou ali por um tempo, entediada, até que decidiu sair para tomar ar. O soldado estava de costas para ela, o que fez com que saísse sem ser percebida.

Seguiu ligeiramente até a clareira, onde imaginava ser o acampamento, lugar em que Diego morava. Já o tinha visto de longe outro dia, num passeio com tia Dolores. Desceu correndo o morro e se deparou com um terreno enorme, com várias barracas queimadas. Ali não morava ninguém, a não ser que dormisse no chão.

Samanta se virou para ir embora, quando topou com Diego atrás dela.

- O que está fazendo aqui, menina?

- Eu vim conhecer o acampamento onde você mora, mas aqui não tem onde dormir - comentou.

- Mas é aqui que eu moro - retrucou o Espírito, de forma ríspida. - Agora vá embora e me deixe em paz.

A menina já estava se afastando, quando Diego indagou:

- Qual é o nome de sua mãe?

- Minha mãe está morta - disse Samanta, voltando-se para Diego. - O nome dela era Angelita. Ela morreu alguns meses depois que eu nasci.

Diego olhou demoradamente para ela e inquiriu.

- Quem é seu pai?

- Eu não tenho pai. Ele morreu antes de eu nascer - informou Samanta, triste.

- Nunca lhe contaram nada sobre ele?

- Minha tia Inês me falou que ele era um homem mau. Ela disse que ele morava aqui no acampamento. - A menina deu de ombros. - Você o conheceu?

- Conheci seu pai, sim! - Diego empinou o queixo.

- O que meu pai fez de mal? - Quis saber Samanta.

Era a primeira vez que Diego tinha de se confrontar com seus próprios erros. Um nó na garganta não permitia que ele falasse. Sentia muita vergonha do que fez e, por estar na frente da filha, sentia-se desnudo. Era como se ela conseguisse ver todas as suas falhas.

Quando viu Samanta pela primeira vez, foi tomado por uma forte emoção e, com o passar dos dias, descobriu o quanto a amava e esqueceu do sentimento de vingança que tinha por Inês. Ainda estava sozinho, mas não estava mais na escuridão. Se ela soubesse o que ele fez com sua mãe, e como ela foi gerada, o odiaria para sempre.

Uma pontada de remorso começava a surgir em seu coração e, sentindo uma dor enorme no peito, disse para a filha:

- Não sei o que ele fez de mal, só espero que um dia o perdoem pelo que causou.

Falando isso, se afastou da menina, embrenhando-se pelo matagal, e Samanta voltou para o sítio.

CAPÍTULO 50

# Novo recomeço

Diego estava em pé, ao lado da cama de Inês, observando-a dormir. Sabia do ódio que ela tinha por ele e que, se houvesse uma oportunidade, ela teria denunciado o acampamento apenas para prejudicá--lo, ou, quem sabe, ela mesma o teria matado. Mas como culpá-la por tanto ódio?

Inês se mexeu na cama, parecendo captar a vibração de Diego, levantou-se em Espírito, afastando-se ligeiramente do corpo adormecido, e parou na frente do homem, encarando-o.

Os dois não percebiam, mas, em volta deles, havia Espíritos amigos que cuidavam para que aquele momento acontecesse da forma mais tranquila possível.

- Precisamos conversar, Diego - começou Inês. - Eu quero que vá embora e nos deixe em paz, tanto eu como a Samanta.

- Ela é minha filha.

- Ela é fruto de uma grande violência, que você cometeu contra minha irmã, e jamais o perdoarei por isso.

Diego continuava impassível, mostrando que as palavras da moça não o incomodavam. Estava começando a se sentir sem forças. Era como se o único motivo para estar ali, obsidiar Inês, não importasse mais.

Um cansaço se abateu sobre ele, e foi se sentindo cada vez mais fraco. Viu Inês voltar para o corpo, mas não tinha forças para detê-la. Sentou-se no chão do quarto e, pela primeira vez, pediu ajuda. E, de repente, uma luz clareou todo o cômodo.

- Diego... - uma voz suave o chamava em meio à luz.

Diego olhou na direção da luz e viu Angelita à sua frente, estendendo-lhe as mãos.

- Venha comigo, você precisa descansar - convidou a moça, sorrindo.

- O que está fazendo aqui, senhorita Angelita? - Indagou ele, chorando, e se ajoelhou aos pés dela. - Por favor, me perdoe, me perdoe!

A moça segurou as mãos do Espírito em sofrimento e o ajudou a se levantar.

- Eu já o perdoei, meu irmão. Perdoe-se também! Venha comigo!

Diego hesitou, olhou para a cama de Inês, e disse:

- Inês jamais vai me perdoar. E Samanta?

- Deixe que o tempo dê a oportunidade para curar a mágoa e o ressentimento de Inês. Quanto a Samanta, ela vai ficar bem. Terá uma nova família e seguirá sua vida. Quando você estiver em condições, poderá vê-la novamente.

Diego segurou as mãos, que lhe eram estendidas, e se pronunciou outra vez:

– Perdoe-me, senhorita Angelita! – Pediu, emocionado e arrependido.

Angelita sorriu com carinho para o homem que um dia tinha sido seu algoz, e seus sentimentos de paz eram como pétalas de flores, que desciam sobre todo o ambiente.

O casal seguiu pela luz que os guiaria para um novo recomeço.

## CAPÍTULO 51

# Ajuda aos iguais

Henrique e Inês limpavam a grande área, que tinha sido o acampamento, e não percebiam que estavam sendo observados. Alguns anos já tinham se passado, desde a partida dos amigos e de Samanta, e, com o passar do tempo, Inês se recuperou totalmente. Se não fossem algumas cicatrizes e algumas feridas, que de vez em quando surgiam, ninguém perceberia que ela tinha lepra.

A presença do rapaz fez com que novo ânimo tomasse a alma de Inês. Apesar de Henrique não ter mais cuidados constantes com a moça, devido à doença, não ficavam muito próximos um do outro.

Inês parou o trabalho para respirar e colocou a mão sobre a testa para limpar o suor, quando viu ao longe duas pessoas a observando. Distinguiu, pela indumentária, que pareciam leprosos. Não quis assustá-los para que não fugissem, e fez de conta que não os viu.

Henrique, que estava distante da moça, não percebeu quando ela se afastou. Inês seguiu por um atalho, que a levaria logo atrás de onde eles estavam.

Caminhava com pressa, torcendo para que eles não tivessem ido embora, mas os viu já na beira da estrada, partindo com mais algumas pessoas.

Inês correu para alcançá-los e gritou:

- Esperem! - Disse, aproximando-se deles, mas mantendo certa distância. - Sou uma de vocês!

As pessoas olhavam para Inês, curiosas.

- Meu nome é Inês, eu moro naquele sítio ali - apontou ela e sorriu. - E tenho lepra como vocês. De onde vocês são?

O homem, que ela tinha visto os observando, deu um passo à frente e respondeu:

- Viemos da fronteira da França. Estamos viajando há semanas, buscando um lugar para morar.

- O que fez vocês virem de tão longe? - Indagou a moça, com interesse.

- Ou partíamos ou nos matariam. Nós morávamos em um acampamento, mas fomos atacados. Queimaram tudo, e muitas pessoas foram mortas. Então, eles nos expulsaram, nos dando tempo apenas para pegar o essencial. Alguns pegaram alimentos, outros recolheram roupas e cobertores.

Inês olhou triste para o grupo e viu algumas crianças, que estavam cansadas e famintas.

- Aqui aconteceu a mesma coisa, mas não sobreviveu ninguém - explicou a moça, e uma sombra passou por seu rosto. - Se vocês quiserem ficar algum tempo, para dormir e se alimentar, serão bem-vindos.

Eles se olharam e aceitaram o convite. Inês sorriu feliz e falou:

– Eu vou na frente para avisar que vocês ficarão conosco por um tempo. Não temos como abrigá-los na casa, mas podemos lhes oferecer comida e remédio, se precisarem.

Inês se afastou correndo, feliz da vida, para contar a Henrique a grande novidade, sabendo que ele jamais se negaria a ajudar aquelas pessoas.

CAPÍTULO 52

# Amor e caridade

O que, de início, seria um lar provisório de alguns dias se tornou a moradia definitiva do grupo.

Quando Henrique soube da chegada deles, ficou feliz e temeroso ao mesmo tempo. Apesar de a peste aparentemente ter ido embora, ainda existiam fanáticos que poderiam voltar e fazer mal àquelas pessoas.

O rapaz resolveu ir até a cidade conversar com os representantes da Igreja e as autoridades locais, que concordaram com a permanência do grupo, para que não se tornasse um problema para a província. Com isso, um novo acampamento foi criado, com o respaldo da lei e da Igreja.

A notícia do novo acampamento dos leprosos se espalhou, e, aos poucos, novas pessoas foram chegando, sobrecarregando o trabalho de Henrique, apesar da ajuda de Inês, que decidiu morar em definitivo no local.

No início Henrique hesitou, mas, vendo que isso fazia bem a ela, não poderia ser contra a sua felicidade.

Naquela manhã ele havia dormido além da conta, devido ao extremo cansaço do dia anterior, e quando acordou o sol já ia alto. Levantou-se, apressado, tomou rapidamente seu café da manhã e saiu para o acampamento.

Pareceu ouvir o relincho de um cavalo, que vinha do celeiro, mas estava com tanta pressa que achou ser imaginação sua. Chegando ao acampamento, viu ao longe alguém cuidando dos doentes ao lado de Inês, mas a pessoa estava de costas e com o rosto coberto, não possibilitando que Henrique visse quem era.

Somente quando se aproximou e Inês sorriu para ele, a pessoa se voltou para ver quem havia chegado. Foi aí que Henrique reconheceu Juliana.

- Juliana, que surpresa vê-la! - Exclamou, olhando em volta. - Como chegou aqui?

- Um soldado me trouxe. Chegamos agora de manhã, mas ele já foi embora. Eu tomei a liberdade de guardar o cavalo e minha bagagem no celeiro e vim para cá, achando que você já estivesse aqui.

- Dolores concordou que você viesse? - Interpelou Henrique.

- Sim, ela concordou com minha viagem - informou Juliana, contente.

- Henrique, Juliana me contou que auxiliava Dolores na enfermaria e que, sabendo do acampamento, decidiu vir para nos ajudar. Não é maravilhoso? - Inês sorria encantada para Juliana. - Se eu pudesse lhe daria um grande abraço, Juliana. Estou vendo você pela primeira vez, mas é como se já nos conhecêssemos há muito tempo. Você é muito bem-vinda aqui, pelo tempo que desejar ficar.

- Obrigada Inês! Será um prazer colaborar com vocês no acampamento - falou, com um sorriso.

- Henrique, Juliana deve estar com fome e cansada da viagem. Por que você não vai com ela para casa, para ajudá-la a se acomodar? - Propôs Inês, animada.

Henrique concordou com Inês e subiram para casa. Depois de acomodar Juliana, nos aposentos que havia construído ao lado do celeiro, e da moça ter descansado, sentaram-se para conversar.

- Juliana, fiquei muito surpreendido com sua chegada e não entendi direito o motivo de você estar aqui, mas gostaria de ouvi-la - comentou Henrique, feliz.

- Henrique... - disse a moça com um suspiro. - Eu jamais faria algo para contrariá-lo e, quando disse que não me traria para cá, entendi perfeitamente os motivos e o respeitei. Mas os anos se passaram... então, quando soube do acampamento, achei que não haveria mal em vir para ajudá-los - justificou.

Juliana silenciou por alguns segundos, tentando encontrar as palavras certas.

- Eu aprendi muito com Dolores, enquanto estive no castelo, e nasceram em mim dons que não imaginava ser capaz de adquirir. Aproveitei cada momento desse aprendizado e os utilizei com os doentes da província - detalhou Juliana. - Mas, em determinado momento, percebi que meu lugar não era ali e deixei que minhas intuições me guiassem. E aqui estou.

- Se você desejar ficar e auxiliar, aceitarei com gratidão. Sinto-me cansado para continuar esse trabalho sozinho e será um prazer tê-la ao meu lado - explicou

Henrique, com alegria. - Seu novo lar será aqui, nestes cômodos, que levantei para morar, antes de Inês decidir ir para o acampamento.

Juliana sorriu feliz por terem chegado a um bom entendimento.

O rapaz já estava saindo, para deixar Juliana descansar, quando se virou:

- Juliana, obrigado por escutar sua intuição - comentou, com um sorriso carinhoso.

Ao ver aquele sorriso, o coração de Juliana disparou, e, emocionada, prometeu a si mesma que sua forma de demonstrar seu amor a ele seria acolher com todo o respeito a mulher que ele amava, e desenvolver a seu lado o trabalho ao qual ele tanto se dedicava.

CAPÍTULO 53

# Preparando-se para partir

Juliana chegou ao acampamento e, como de costume, foi até a enfermaria para trabalhar. Cumprimentou a todos, que já estavam aguardando do lado de fora, mas estranhou que Inês ainda não tivesse chegado. Perguntou por ela e lhe informaram que ainda estava em sua barraca.

Após fazer todos os curativos, Juliana seguiu para a barraca de Inês. Chamou por ela e, não obtendo resposta, entrou sem permissão. Inês estava deitada na cama e parecia febril.

Juliana se aproximou e percebeu que ela estava delirando por causa da febre. Fez uma compressa de água para ajudar a baixar a temperatura, e ficou ali até sentir a melhora da moça.

Após algum tempo, Inês abriu os olhos, ainda fraca. Ao ver Juliana, sorriu para ela.

– Inês, você me deu um susto! – falou Juliana. – Vai ficar tudo bem, estou cuidando de você.

Inês riu, ao ouvir as palavras de Juliana, e murmurou com a voz fraca:

– Eu sei que cuidará de mim, e agradeço por você

estar aqui - disse Inês, começando a tossir. Após a crise, continuou: - Eu lhe quero muito bem e por conta disso tenho algo importante a lhe pedir.

Inês parou de falar para respirar.

- Não se esforce Inês, depois você me diz.

- Não! - Inês insistiu. - Eu não sei se terei outra oportunidade. Faz alguns meses que você está aqui e tenho observado como olha para Henrique. Você o ama. Não é?

- Inês... - respondeu Juliana, desconcertada.

- Não precisa ficar envergonhada, Juliana - comentou Inês. - Não vou condená-la por isso, pelo contrário.

Juliana ficou em silêncio, aflita pelo que estava por vir.

- Percebi seu amor por Henrique, mas sobretudo o respeito pelo nosso amor e por mim. Seu carinho, sua dedicação e seu acolhimento, para mim, não têm preço - confidenciou Inês, sorrindo.

- Inês... Sou sim apaixonada por Henrique, porém, esse amor não é retribuído e nunca será. Tenho o maior respeito por ele e por você. Nenhuma outra mulher substituirá o amor que ele sente por você. Sempre estive ciente disso - começou a relatar Juliana.

- Vim para cá pelo chamado do meu coração e da minha intuição, quando fiquei sabendo do acampamento, e quis ajudá-los - continuou a jovem.

Juliana prosseguiu contando seus sentimentos a Inês:

- Eu sabia que jamais teria o amor de Henrique

e respeitei isso. Prometi a mim mesma que demonstraria meu amor a ele por meio do meu acolhimento a você, mas eu não contava com a afinidade de alma que teria em relação a você. Meu respeito não é apenas voltado a Henrique, mas também por mim mesma, que aprendi a amá-la, por sua generosidade, sua doação e seu amor a todos nós - concluiu Juliana, emocionada com lágrimas nos olhos.

Inês também ficou emocionada com as palavras da moça. Seu coração ficava apertado de emoção, e a vontade de abraçá-la era enorme.

- Meu sentimento é o mesmo por você, e por isso a importância do meu pedido. - Uma nova crise de tosse a acometeu e, depois de algum tempo, disse:

- Quero que me prometa que vai cuidar de Henrique depois que eu partir.

- Inês... - tornou Juliana.

- Juliana, se eu morrer, peço que o conforte e tente formar uma família ao lado dele, se ele assim desejar - declarou. - Este é meu pedido a você.

Juliana olhou para Inês com profundo respeito e, suspirando, afirmou sorrindo e emocionada:

- Prometo cuidar de Henrique, mas saiba que ele jamais amará outra mulher como ama você.

CAPÍTULO 54

# Serenidade, amor e gratidão

A febre estava muito alta e não conseguiam mais conter a infecção, mas, apesar do sofrimento, o semblante de Inês estava tranquilo.

Nos últimos anos de vida, ao lado de Henrique no acampamento, abrandou seu coração e transformou o ódio por tudo o que vivenciou em amor pelos doentes, que, como ela, necessitavam de atenção e carinho.

Olhando para Henrique, que estava ao seu lado, declarou:

- Henrique, de onde eu estiver, minha gratidão a você será infinita. O amarei para sempre. Você renunciou à sua vida para se dedicar a mim. Reconheço seu amor por mim e saiba que retribuo de todo o meu coração, mas desejo que seja feliz após minha partida. Não quero que se agarre a um passado que não mais existe. Seja feliz ao lado de alguém que lhe dedique o mesmo amor que você dedicou a mim.

Agradeceu pela presença de Juliana, pediu que continuasse ao lado de Henrique, trabalhando em benefício dos mais desafortunados da vida e viu sua irmã sorrindo para ela.

Com um último suspiro, Inês sentiu seu Espírito se desprender do corpo físico e percebeu que estava em pé, ao lado da irmã, olhando para seu envoltório físico deitado sobre a cama.

Olhou para Angelita, que apenas sorria para ela, e lágrima caíram de seus olhos ao ver o quanto sua irmã estava linda, depois de todos aqueles anos. Uma luz radiante saía dela, e Inês agarrou-se a ela com todo carinho, chorando de saudade, amor e felicidade.

As duas ficaram assim durante alguns minutos, sem nada dizer, e depois voltaram o olhar para o casal, que, em silêncio, fazia orações para seu corpo físico.

Todos já esperavam por aquele momento, mas, mesmo assim, Inês sentia a dor de Henrique. Entretanto, sabia que, com o passar do tempo, ele iria se recuperar, a despeito da saudade.

Aproximou-se de Juliana, a abraçou por trás e beijou seus cabelos:

- Obrigada, minha irmã! Você é muito especial, e sei que vai cuidar de Henrique com muito amor - afirmou Inês, carinhosamente.

Juliana sentiu um calor e um bem-estar enorme tomar conta de seu corpo, sabendo que Inês estava bem amparada. E sorriu, enviando-lhe vibrações de muito amor.

As irmãs se entreolharam sorrindo e seguiram a luz, a caminho de um último encontro, antes de partir para o Plano Espiritual.

CAPÍTULO 55

# Despedida amorosa

Samanta se sentia entediada, sentada do lado de fora da enfermaria, enquanto a princesa Dolores estava lá dentro cuidando de um doente.

Ela tinha sido chamada às pressas no castelo, para atender um enfermo e, com a insistência de Samanta, trouxe-a junto, mas não a deixou entrar na enfermaria.

Samanta estava chateada por ser proibida de entrar no local. Seu desejo era ajudar a tia, que sempre falava que sua oportunidade chegaria, mas que ela precisava ter paciência.

Enquanto mexia com uns gravetos no chão, viu duas mulheres se aproximarem dela e olhou para cima, surpresa, ao reconhecer sua tia Inês.

Levantou-se de um pulo e correu para os braços dela, dizendo:

– Tia, não sabia que a senhora tinha chegado.

As duas se abraçaram forte. Inês pôde finalmente abraçar a sobrinha que amava tanto.

Na empolgação e na inocência de criança, Samanta não se lembrou de que não tinha autorização para abraçar a tia, tamanha era sua felicidade.

As duas se afastaram e Samanta olhou para Angelita, curiosa.

Inês queria apenas se despedir da sobrinha, e não assustá-la, então não falou nada ao perceber sua curiosidade.

- Eu te conheço? Você me parece familiar? - Indagou Samanta, olhando para Angelita, que apenas sorria, ficando calada.

Inês voltou-se para Samanta e declarou, emocionada:

- Minha amada sobrinha, como foi bom ver você de novo. Eu preciso muito desse abraço antes de partir.

- Para onde você vai, tia? - Perguntou Samanta.

- Eu vou viajar para bem longe e vou ficar muito tempo fora, mas, quando for possível, voltarei para vê-la - avisou Inês. - Percebi sua impaciência enquanto aguarda a princesa Dolores.

A menina ficou um pouco envergonhada porque a tia havia notado sua impaciência.

- Tranquilize seu coração, ela faz isso para o seu bem, para te proteger de possíveis doenças e também para preservar os doentes que estão ali em tratamento. No momento certo ela vai transmitir a você tudo o que sabe, e você vai poder ajudá-la muito.

Aproveite tudo o que esses irmãos têm a lhe ensinar, e que sua gratidão seja infinita pela generosidade deles, minha querida! Seu futuro será brilhante e terá um lindo caminho a trilhar. Tenho certeza de que sua mãe, de onde está, vela amorosamente por você.

Samanta ficou emocionada com as palavras da tia, arrepiando-se, e olhou para a bela mulher ao seu lado.

Jamais esqueceria daquele lindo sorriso, que aquecia seu coração. Escutou Dolores chamar seu nome, virou-se para responder, e, quando se voltou novamente para as mulheres à sua frente, elas não estavam mais lá.

CAPÍTULO 56

# De volta às origens

Henrique observava ao longe a esposa cuidando dos doentes, que chegavam na enfermaria do acampamento. Juliana sempre esteve ao seu lado nos momentos mais difíceis, desde que chegou ao sítio, e, após a morte de Inês, foi seu maior apoio.

Juliana, ao vê-lo, acenou sorrindo e Henrique retribuiu. A idade não lhe permitia mais ser ativo, para fazer tudo sozinho como antes, mas, o que fazia, era com amor.

Foram difíceis e sofridos muitos momentos da sua vida, mas resistiu à dor e seguiu em frente, firme em seu propósito, com o apoio espiritual de sua mãe e de sua irmã.

Ficou lembrando do passado e da dedicação que tivera por Inês, o grande amor de sua vida, que permitiu que fossem felizes por vários anos, mesmo sem estar unidos como um casal. Mas se amaram e puderam ficar juntos para se dedicar àquele amor.

Inês partiu tranquila e serena. Henrique sofreu muito com sua ida, mas sentiu-se em paz por entender que, enquanto estiveram juntos, foram felizes.

Por algum tempo Henrique ficou perdido, sem saber o que fazer, mas Juliana esteve ao seu lado, apoiando-o em todos os momentos, guardando seu tempo de luto.

Continuou dedicando-se ao trabalho com a ajuda dela, e a vida seguiu em frente e, no tempo certo, uniu os dois, que se casaram, mas não tiveram filhos.

Tiveram a grata surpresa de receber a visita de Samanta, que decidiu voltar às suas origens, para resgatar a memória da família. Ela tinha se tornado uma linda mulher e queria seguir os passos das mulheres de sua família.

Muitas mudanças ocorreram no sítio, que passou por grande transformação, para acolher mais pessoas que chegavam ao acampamento e cuidavam para que o local prosperasse.

A peste já era coisa do passado, e o povo, mais consciente, dava mais valor ao que tinha e cuidava melhor de suas propriedades. Porém, os enfermos e abandonados continuavam sendo desprezados.

O acampamento dos leprosos ficou ali permanentemente, e sempre que possível recebia novos viajantes, mas, mais do que um acampamento de doentes, era um local de acolhimento de leprosos que vinham de outros lugares, onde foram abandonados ou expulsos por causa de uma enfermidade ainda pouco compreendida.

Henrique suspirou e desceu até o acampamento para ajudar a família em mais um dia de trabalho.

Sem que percebessem, eram observados por um

grupo de Espíritos, que vinha ali de forma constante, para ajudar naquela abençoada tarefa de abnegação.

Isabel abraçava Conceição, e ambas caminhavam pelo acampamento, enquanto vibravam por todo aquele local, que formava uma grande egrégora de amor.

Inês, amparada por Angelita, sorria feliz por ter a oportunidade de ver novamente reunida a família que tanto amava, e que, mesmo diante de tantos percalços, havia vencido todas as adversidades enfrentadas.

*Fim*

# DA MESMA AUTORA

## LEMBRANÇAS QUE NÃO SE APAGAM

Rita Ramos Cordeiro *pelo Espírito* Tenório Peixoto

Romance • 14x21 cm • 184 pp

Após um assalto, Sheila começa a ter visões de outras vidas e passa a viver entre o presente e o passado. Por não saber lidar com a situação, sua mente entra em conflito e, num momento de grande estresse, perde a memória fazendo com que se inicie para ela uma jornada de provações.

**ISBN: 978-65-88535-01-1**

## NAS GARRAS DO TEMPO

Rita Ramos Cordeiro
*pelo Espírito* Juvenal

Romance • 14x21 cm • 288 pp

Este romance nos mostra de forma envolvente os desafios e as perseguições sofridas por um grupo de jovens, enquanto o interesse pelo Espiritismo começava a despontar no país e em seus corações. Nos ensina, por meio da persistência de alguns de seus personagens, que apenas o perdão, a esperança, a fraternidade e a solidariedade, podem desfazer o ressentimento que encobre o coração de muitas almas.

**ISBN: 978-65-88535-39-4**